# A Solidão dos Moribundos

Norbert Elias

# A Solidão dos Moribundos

*seguido de*

Envelhecer e Morrer

*Tradução:*
Plínio Dentzien

ZAHAR

*Grafia atualizada segundo o Acordo Ortográfico da Língua Portuguesa de 1990, que entrou em vigor no Brasil em 2009.*

*Título original*
Über die Einsamkeit der Sterbenden

*Capa*
Sérgio Campante

*Ilustração da capa*
Leonardo da Vinci, *Estudos Anatômicos*

CIP-Brasil. Catalogação na fonte
Sindicato Nacional dos Editores de Livros, RJ

---

Elias, Norbert, 1897-1990
E41s A solidão dos moribundos, seguido de, Envelhecer e morrer / Norbert Elias; tradução, Plínio Dentzien. — 1ª ed. — Rio de Janeiro: Zahar, 2001.

Tradução de: Über die Einsamkeit der Sterbenden.
ISBN 978-85-7110-616-1

1. Morte — Aspectos sociais. 2. Envelhecimento. I. Título. II. Título: Envelhecer e morrer.

CDD: 306
01-1049 CDU: 393

---


EDITORA SCHWARCZ S.A.
Praça Floriano, 19, sala 3001 — Cinelândia
20031-050 — Rio de Janeiro — RJ
Telefone: (21) 3993-7510
www.companhiadasletras.com.br
www.blogdacompanhia.com.br
facebook.com/editorazahar
instagram.com/editorazahar
twitter.com/editorazahar

# Sumário

O texto principal deste livro foi publicado pela primeira vez em alemão em 1982. "Envelhecer e morrer" é uma versão revista de uma conferência apresentada em um congresso médico em Bad Salzufen em outubro de 1983.

# 1

Há várias maneiras de lidar com o fato de que todas as vidas, incluídas as das pessoas que amamos, têm um fim. O fim da vida humana, que chamamos de morte, pode ser mitologizado pela ideia de uma outra vida no Hades ou no Valhalla, no Inferno ou no Paraíso. Essa é a forma mais antiga e comum de os humanos enfrentarem a finitude da vida. Podemos tentar evitar a ideia da morte afastando-a de nós tanto quanto possível — encobrindo e reprimindo a ideia indesejada — ou assumindo uma crença inabalável em nossa própria imortalidade — "os outros morrem, eu não". Há uma forte tendência nesse sentido nas sociedades avançadas de nossos dias. Finalmente, podemos encarar a morte como um fato de nossa existência; podemos ajustar nossas vidas, e particularmente nosso comportamento em relação às outras pessoas, à duração limitada de cada vida. Podemos considerar parte de nossa tarefa fazer com que o fim, a despedida dos seres humanos, quando chegar, seja tão fácil e agradável quanto possível para os outros e para nós mesmos; e podemos nos colocar o problema de como realizar essa tarefa. Atualmente, essa é uma pergunta que só é feita de maneira clara por alguns médicos — no debate mais amplo da sociedade, a questão raramente se coloca.

E isso não é só uma questão do fim efetivo da vida, do atestado de óbito e do caixão. Muitas pessoas morrem gradualmente; adoecem, envelhecem. As últimas horas são importantes, é claro. Mas muitas vezes a partida começa muito antes. A fragilidade dessas pessoas é muitas vezes suficiente para separar os que envelhecem dos vivos. Sua decadência as isola. Podem tornar-se menos sociáveis e seus sentimentos menos calorosos, sem que se extinga sua necessidade dos outros. Isso é o mais difícil — o isolamento tácito dos velhos e dos moribundos da comunidade dos vivos, o gradual esfriamento de suas relações com pessoas a que eram afeiçoados, a separação em relação aos seres humanos em geral, tudo que lhes dava sentido e segurança. Os anos de decadência são penosos não só para os que sofrem, mas também para os que são deixados sós. O fato de que, sem que haja especial intenção, o isolamento precoce dos moribundos ocorra com mais frequência nas sociedades mais avançadas é uma das fraquezas dessas sociedades. É um testemunho das dificuldades que muitas pessoas têm em identificar-se com os velhos e moribundos.

Sem dúvida, o espaço de identificação é mais amplo que em outras épocas. Não mais consideramos um entretenimento de domingo assistir a enforcamentos, esquartejamentos e suplícios na roda. Assistimos ao futebol, e não aos gladiadores na arena. Se comparados aos da Antiguidade, nossa identificação com outras pessoas e nosso compartilhamento de seus sofrimentos e morte aumentaram. Assistir a tigres e leões famintos devorando pessoas vivas pedaço a pedaço, ou a gladiadores, por astúcia e engano, mutuamente se ferindo e matando, dificilmente constituiria uma diversão para a qual nos prepararíamos com o mesmo prazer que os senadores ou o povo romano. Tudo indica que nenhum sentimento de identidade unia esses espectadores e aqueles que, na arena, lutavam por suas vidas. Como sabemos, os gladiadores saudavam o imperador ao entrar com as palavras "*Morituri te salutant*" (Os que vão morrer te saúdam). Alguns dos imperadores sem dúvida se acreditavam imortais. De todo modo, teria sido mais apropriado se os gladiadores dissessem "*Morituri moriturum salutant*" (Os que vão morrer saúdam aquele que vai morrer). Porém, numa sociedade em que tivesse sido possível dizer isso, provavelmente não haveria gladiadores ou imperadores. A possibilidade de se dizer isso aos dominadores — alguns dos quais mesmo hoje têm poder de vida e morte sobre um sem-número de seus semelhantes — requer uma desmitologização da morte mais ampla do que a que temos hoje, e uma consciência muito mais clara de que a espécie humana é uma comunidade de mortais e de que as pessoas necessitadas só podem esperar ajuda de outras pessoas. O problema social da morte é especialmente difícil de resolver porque os vivos acham difícil identificar-se com os moribundos.

A morte é um problema dos vivos. Os mortos não têm problemas. Entre as muitas criaturas que morrem na Terra, a morte constitui um problema só para os seres humanos. Embora compartilhem o nascimento, a doença, a juventude, a maturidade, a velhice e a morte com os animais, apenas eles, dentre todos os vivos, sabem que morrerão; apenas eles podem prever seu próprio fim, estando cientes de que pode ocorrer a qualquer momento e tomando precauções especiais — como indivíduos e como grupos — para proteger-se contra a ameaça da aniquilação.

Durante milênios essa foi uma função central de grupos humanos como tribos e Estados, permanecendo uma função importante até nossos dias. No entanto, entre as maiores ameaças aos humanos figuram os próprios humanos. Em nome do objetivo de se proteger da destruição, grupos de pessoas ameaçam outros grupos de destruição. Desde os primeiros dias, sociedades formadas por seres humanos exibem as duas faces de Janus: pacificação para dentro, ameaça para fora. Também em outras espécies a importância da sobrevivência das sociedades encontrou expressão na formação de grupos e na adaptação dos indivíduos à vida comum como uma característica de sua existência. Mas, nesse caso, a adaptação à vida do grupo se baseia em formas geneticamente predeterminadas de conduta ou, na melhor das hipóteses, limita-se a pequenas variações aprendidas que alteram o comportamento inato. No caso dos seres humanos, o equilíbrio entre a adaptação aprendida e a não aprendida à vida em grupo foi revertido. Disposições inatas a uma vida com os outros requerem sua ativação pelo aprendizado — a disposição de falar, por exemplo, pelo aprendizado de uma língua. Os seres humanos não só podem, como devem aprender a regular sua conduta uns em relação aos outros em termos de limitações ou regras específicas à comunidade. Sem aprendizado, não são capazes de funcionar como indivíduos e membros do grupo. Em nenhuma outra espécie essa sintonia com a vida coletiva teve tão profunda influência sobre a forma e desenvolvimento do indivíduo como na espécie humana. Não só meios de comunicação ou padrões de coerção podem diferir de sociedade para sociedade, mas também a experiência da morte. Ela é variável e específica segundo os grupos; não importa quão natural e imutável possa parecer aos membros de cada sociedade particular: foi aprendida.

Na verdade não é a morte, mas o conhecimento da morte que cria problemas para os seres humanos. Não devemos nos enganar: a mosca presa entre os dedos de uma pessoa luta tão convulsivamente quanto um ser humano entre as garras de um assassino, como se soubesse do perigo que corre. Mas os movimentos defensivos da mosca quando em perigo mortal são um dom não aprendido de sua espécie. Uma mãe macaca pode carregar sua cria morta durante certo tempo antes de largá-la em algum lugar e perdê-la. Nada sabe da morte, da de sua cria ou de sua própria. Os seres humanos sabem, e assim a morte se torna um problema para eles.

## 2

A resposta à pergunta sobre a natureza da morte muda no curso do desenvolvimento social, correspondendo a estágios. Em cada estágio, também é específica segundo os grupos. Ideias da morte e os rituais correspondentes tornam-se um aspecto da socialização. Ideias e ritos comuns unem pessoas; no caso de serem divergentes, separam grupos. Seria interessante fazer um levantamento de todas as crenças que as pessoas mantiveram ao longo dos séculos para habituar-se ao problema da morte e sua ameaça incessante a suas vidas; e ao mesmo tempo mostrar tudo o que fizeram umas às outras em nome de uma crença que prometia que a morte não era um fim e que os rituais adequados poderiam assegurar-lhes a vida eterna. Claramente não há uma noção, por mais bizarra que seja, na qual as pessoas não estejam preparadas para acreditar com devoção profunda, desde que lhes dê um alívio da consciência de que um dia não existirão mais, desde que lhes dê esperança numa forma de vida eterna.

Sem dúvida, nas sociedades avançadas os grupos não insistem mais tão apaixonadamente em que apenas sua crença sobrenatural e seus rituais podem garantir a seus membros uma vida eterna depois da vida terrena. Na Idade Média, os indivíduos com crenças minoritárias eram muitas vezes perseguidos a ferro e fogo. Numa cruzada contra os albigenses no sul da França no século XIII, uma comunidade mais forte de crentes destruiu outra mais fraca. Os membros desta foram estigmatizados, expulsos de seus lares e queimados às centenas. "Com alegria em nossos corações presenciamos sua morte no fogo", disse um dos vencedores. Nenhum sentimento de identidade entre humanos e humanos; crença e ritual os separavam. Com expulsão, prisão, tortura e fogueira, a Inquisição reforçava a campanha dos cruzados contra povos de crenças diferentes. As guerras religiosas do início da era moderna são bem conhecidas. Suas consequências são sentidas ainda hoje, por exemplo na Irlanda. A recente luta entre sacerdotes e governantes seculares no Irã também nos lembra a apaixonada ferocidade do sentimento comunitário e a inimizade que sistemas de crenças sobrenaturais foram capazes de desencadear em sociedades medievais, porque propunham a redenção da morte e a vida eterna.

Nas sociedades mais desenvolvidas, como disse, a busca de ajuda em sistemas de crenças sobrenaturais contra o perigo e a morte se tornou menos apaixonada; em certa medida, transferiu sua base para sistemas seculares de crenças. A necessidade de garantias contra nossa própria transitoriedade diminuiu perceptivelmente em séculos recentes, por contraste com a Idade Média, refletindo um estágio diferente da civilização. Nos Estados-nação mais desenvolvidos, a segurança das pessoas, sua proteção contra os golpes mais brutais do destino como a doença ou a morte repentina, é muito maior que anteriormente, e talvez maior que em qualquer outro estágio do desenvolvimento da humanidade. Comparada com estágios anteriores, a vida nessas sociedades se tornou mais previsível, ainda que exigindo de cada indivíduo um grau mais elevado de antecipação e controle das paixões. A expectativa de vida relativamente alta dos indivíduos nessas sociedades é um reflexo do aumento da segurança. Entre os cavaleiros do século XIII, um homem de quarenta anos era visto quase como um velho; nas sociedades industriais do século XX, ele é considerado quase jovem — com diferenças específicas de classe. A prevenção e o tratamento de doenças hoje estão mais bem-organizados que nunca, por mais inadequados que ainda sejam. A pacificação interna da sociedade, a proteção do indivíduo contra a violência não sancionada pelo Estado, como contra a fome, atingiu um nível inimaginável pelos povos de outros tempos.

É claro que, vista mais de perto, a situação revela quão tênue ainda é a segurança do indivíduo neste mundo. E a tendência à guerra traz uma ameaça constante às vidas dos indivíduos. Só a partir de uma perspectiva de longa duração, pela comparação com épocas passadas, percebemos quanto aumentou nossa segurança contra os perigos físicos imprevisíveis e as ameaças imponderáveis à nossa existência. Parece que a adesão a crenças no outro mundo que prometem proteção metafísica contra os golpes do destino, e acima de tudo contra a transitoriedade pessoal, é mais apaixonada naquelas classes e grupos cujas vidas são mais incertas e menos controláveis. Mas, em termos gerais, nas sociedades desenvolvidas os perigos que ameaçam as pessoas, particularmente o da morte, são mais previsíveis, ao mesmo tempo em que diminui a necessidade de poderes protetores supra-humanos. Não há dúvida de que, com o aumento da incerteza social e com a diminuição da capacidade de as pessoas anteciparem e — até certo ponto — controlarem seus próprios destinos por longos períodos, essas necessidades se tornariam outra vez mais fortes.

A atitude em relação à morte e a imagem da morte em nossas sociedades não podem ser completamente entendidas sem referência a essa segurança relativa e à previsibilidade da vida individual — e à expectativa de vida correspondentemente maior. A vida é mais longa, a morte é adiada. O espetáculo da morte não é mais corriqueiro. Ficou mais fácil esquecer a morte no curso normal da vida. Diz-se às vezes que a morte é "recalcada". Um fabricante de caixões norte-americano observou recentemente: "A atitude atual em relação à morte deixa o planejamento do funeral, se tanto, para muito tarde na vida."[1]

## 3

Se hoje se diz que a morte é "recalcada", parece-me que o termo é utilizado num duplo sentido. Pode tratar-se de um "recalcamento" tanto no plano individual como no social. No primeiro caso, o termo é utilizado no mesmo sentido de Freud. Refere-se a todo um grupo de mecanis-

---

1 B. Deborah Frazier, "Your coffin as furniture — for now", *International Herald Tribune*, 2 out 1979.

mos psicológicos de defesa socialmente instilados pelos quais experiências de infância excessivamente dolorosas, sobretudo conflitos na primeira infância e a culpa e a angústia a eles associadas, bloqueiam o acesso à memória. De maneiras indiretas e disfarçadas, influenciam os sentimentos e o comportamento da pessoa; mas desapareceram da memória.

Experiências e fantasias da primeira infância também desempenham papel considerável na maneira como as pessoas enfrentam o conhecimento de sua morte próxima. Algumas podem olhar para sua morte com serenidade, outras com um medo intenso e constante, muitas vezes sem expressá-lo e até mesmo sem capacidade de expressá-lo. Talvez estejam conscientes dele apenas como do medo de voar ou de espaços abertos. Uma maneira familiar de tornar suportáveis as angústias infantis sem ter que enfrentá-las é imaginar-se imortal. Isso assume muitas formas. Conheço pessoas que não são capazes de envolver-se com moribundos porque suas fantasias compensatórias de imortalidade, que mantêm sob controle seus terríveis medos infantis, seriam perigosamente abaladas pela proximidade deles. Esse abalo poderia permitir que seu grande medo da morte — da punição — penetrasse sua consciência, o que seria insuportável.

Aqui encontramos, sob forma extrema, um dos problemas mais gerais de nossa época — nossa incapacidade de dar aos moribundos a ajuda e afeição de que mais que nunca precisam quando se despedem dos outros homens, exatamente porque a morte do outro é uma lembrança de nossa própria morte. A visão de uma pessoa moribunda abala as fantasias defensivas que as pessoas constroem como uma muralha contra a ideia de sua própria morte. O amor de si sussurra que elas são imortais: o contato muito próximo com moribundos ameaça o sonho acalentado. Por trás da necessidade opressiva de acreditar em nossa própria imortalidade, negando assim o conhecimento prévio de nossa própria morte, estão fortes sentimentos de culpa recalcados, talvez ligados a desejos de morte em relação ao pai, à mãe e aos irmãos, com o temor de desejos análogos da parte deles. Nesse caso, a única fuga possível da culpa angústia em torno do desejo de morte (especialmente quando dirigido a membros da família) e da ideia da vingança deles (o medo da punição por nossa culpa) é uma crença particularmente forte em nossa própria imortalidade, ainda que possamos estar parcialmente cientes da fragilidade dessa crença.

A associação do medo da morte a sentimentos de culpa pode ser encontrada em mitos antigos. No paraíso, Adão e Eva eram imortais. Deus os condenou a morrer porque Adão, o homem, violou o mandamento do pai divino. O sentimento de que a morte é uma punição imposta a mulheres e homens pela figura do pai ou da mãe, ou de que depois da morte serão punidos pelo grande pai por seus pecados, também desempenhou papel considerável no medo humano da morte por um longo tempo. Seria certamente possível tornar a morte mais fácil para algumas pessoas se fantasias de culpa desse tipo pudessem ser atenuadas ou suprimidas.

Esses problemas individuais do recalcamento da ideia da morte andam de mãos dadas com problemas sociais específicos. Nesse plano, o conceito de recalcamento tem um sentido diferente. No entanto, a peculiaridade do comportamento em relação à morte que prevalece hoje na sociedade só é percebida se comparada à de épocas anteriores ou de outras sociedades. Só então se poderá situar a mudança de comportamento em um quadro teórico mais amplo, tornando-a assim acessível à explicação. Formulando a questão diretamente, a mudança de comportamento social referida ao falarmos do "recalcamento" da morte nesse sentido é um aspecto do impulso civilizador mais amplo que examinei com mais detalhes em outro lugar.[2] Em seu curso, todos os aspectos elementares e animais da vida humana, que quase sem exceção significam perigo para a vida comunitária e para o próprio indivíduo, são regulados de maneira mais equilibrada, mais inescapável e mais diferenciada que antes pelas regras sociais e também pela consciência. De acordo com as novas relações de poder, associam-se a sentimentos de vergonha, repugnância ou embaraço e, em certos casos, especialmente durante o grande impulso europeu de civilização, são banidos para os bastidores ou pelo menos removidos da vida social pública. A mudança de longa duração no comportamento das pessoas em rela-

---

2 N. Elias, *O processo civilizador*, Rio de Janeiro, Zahar, 2 vols., 1990 e 1993.

ção aos moribundos segue a mesma direção. A morte é um dos grandes perigos biossociais na vida humana. Como outros aspectos animais, a morte, tanto como processo quanto como imagem mnemônica, é empurrada mais e mais para os bastidores da vida social durante o impulso civilizador. Para os próprios moribundos, isso significa que eles também são empurrados para os bastidores, são isolados.

## 4

Philippe Ariès, em seu instigante e bem-documentado *História da morte no Ocidente*, tentou apresentar a seus leitores um retrato vívido das mudanças no comportamento e atitudes dos povos ocidentais diante da morte. Mas Ariès entende a história puramente como descrição. Acumula imagens e mais imagens e assim, em amplas pinceladas, mostra a mudança total. Isso é bom e estimulante, mas não explica nada. A seleção de fatos de Ariès se baseia numa opinião preconcebida. Ele tenta transmitir sua suposição de que antigamente as pessoas morriam serenas e calmas. É só no presente, postula, que as coisas são diferentes. Num espírito romântico, Ariès olha com desconfiança para o presente inglório em nome de um passado melhor. Embora seu livro seja rico em evidências históricas, sua seleção e interpretação dessas evidências deve ser examinada com muito cuidado. É difícil concordar com ele quando apresenta os *Romans de la Table Ron-*

*de*, a conduta de Isolda e do Arcebispo Turpin, como evidência da calma com que os povos medievais esperavam pela morte. Ele não diz que esses épicos medievais eram idealizações da vida cortesã, imagens seletivas que muitas vezes lançam mais luz no que o poeta e seu público julgavam que deveria ser do que no que realmente era. O mesmo se aplica a outras fontes literárias utilizadas por Ariès. Sua conclusão é característica e mostra sua parcialidade:

> Assim [isto é, calmamente] morreram as pessoas durante séculos ou milênios ... Essa atitude antiga, para a qual a morte era ao mesmo tempo familiar, próxima e amenizada, indiferente, contrasta com a nossa, em que a morte provoca tal medo que não mais temos coragem de chamá-la por seu nome. É por isso que chamo essa morte familiar de *morte domesticada*. Não quero dizer que tenha sido selvagem *anteriormente*. ... Quero dizer, ao contrário, que se tornou selvagem *hoje*.[3]

Se comparada à vida nos Estados-nação altamente industrializados, a vida nos Estados feudais medievais era — e é, onde tais Estados ainda existem no presente — apaixonada, violenta e, portanto, incerta, breve e selvagem. Morrer pode significar tormento e dor. Antigamente as pessoas tinham menos possibilidades de aliviar o tormento. Nem mesmo hoje a arte da medicina avançou

3 Philippe Ariès, *Studien zur Geschichte des Todes im Abendland*, Munique/Viena, 1976, p.25. [Ed. fr.: *Histoire de la mort en Occident*, Paris, Seuil, col. Points.]

o suficiente para assegurar a todos uma morte sem dor. Mas avançou o suficiente para permitir um fim mais pacífico para muitas pessoas que outrora teriam morrido em terrível agonia.

O certo é que a morte era tema mais aberto e frequente nas conversas na Idade Média do que hoje. A literatura popular dá testemunho disso. Mortos, ou a Morte em pessoa, aparecem em muitos poemas. Em um deles, três vivos passam por um túmulo aberto e os mortos lhes dizem: "O que vocês são, nós fomos. O que somos, vocês serão." Em outro, a Vida e a Morte discutem. A Vida se queixa de que a Morte está maltratando seus filhos; a Morte ostenta seu sucesso. Em comparação com o presente, a morte naquela época era, para jovens e velhos, menos oculta, mais presente, mais familiar. Isso não quer dizer que fosse mais pacífica. Além disso, o nível social do medo da morte não foi constante nos muitos séculos da Idade Média, tendo se intensificado notavelmente durante o século XIV. As cidades cresceram. A peste se tornou mais renitente e varria a Europa em grandes ondas. As pessoas temiam a morte ao seu redor. Pregadores e frades mendicantes reforçavam tal medo. Em quadros e escritos surgiu o motivo das danças da morte, as danças macabras. Morte pacífica no passado? Que perspectiva histórica mais unilateral! Seria interessante comparar o nível social do medo em nossos dias, no contexto da poluição ambiental e das armas atômicas, com o de estágios anteriores da civilização, em que havia menor pacificação interna e menor controle de epidemias e outras doenças.

O que às vezes reconfortava os moribundos no passado era a presença de outras pessoas. Mas isso dependia das atitudes. Disseram-nos[4] que Thomas More, chanceler de Henrique VIII, abraçou seu pai moribundo no leito de morte e o beijou nos lábios — um pai que ele reverenciou e respeitou por toda a vida. Havia casos, no entanto, em que os herdeiros em volta do leito de morte zombavam e escarneciam do velho moribundo. Tudo dependia das pessoas. Considerada um estágio de desenvolvimento social, a Idade Média foi um período excessivamente instável. A violência era comum; o conflito, apaixonado; a guerra, muitas vezes a regra; e a paz, exceção. Epidemias varriam as terras da Eurásia, milhares morriam atormentados e abandonados sem ajuda ou conforto. Más colheitas frequentemente faziam escassear o pão para os pobres. Multidões de mendigos e aleijados eram uma característica normal da paisagem medieval. As pessoas eram capazes tanto de grande gentileza quanto de crueldade bárbara, júbilo pelo tormento dos outros e total indiferença em relação a seus sofrimentos. Os contrastes eram mais marcados que os de hoje — entre a satisfação desenfreada dos apetites e a auto-humilhação, o ascetismo e a penitência também desenfreados sob o peso de um sentido aterrorizante do

---

4 William Roper, *The Life of Sir Thomas More*, Londres, 1969. Ver também minhas observações críticas sobre a confiabilidade de Roper: "Thomas Morus Staatskritik", in *Utopieforschung*, vol.2, Stuttgart, Wilhelm Vosskamp, 1982, p.101-50, esp. 137-44.

pecado, e também entre o fausto dos senhores e a miséria dos pobres. O medo da punição depois da morte e a angústia em relação à salvação da alma se apossavam igualmente de ricos e de pobres, sem aviso prévio. Como garantia, os príncipes sustentavam igrejas e mosteiros; os pobres rezavam e se arrependiam.

Tanto quanto posso ver, Ariès diz pouco sobre o medo do inferno espalhado pela Igreja. Mas há quadros medievais que mostram o que, de acordo com as ideias da época, esperava pelas pessoas depois da morte. Um exemplo ainda pode ser encontrado num cemitério famoso do final da Idade Média, em Pisa. Uma figura retrata vividamente os terrores que aguardavam as pessoas depois da morte. Mostra os anjos conduzindo as almas salvas para a vida sem fim no paraíso, e os horríveis demônios que atormentam os condenados ao inferno. Com tais imagens aterrorizantes diante dos olhos, uma morte pacífica não pode ter sido fácil.

Em resumo, a vida na sociedade medieval era mais curta; os perigos, menos controláveis; a morte, muitas vezes mais dolorosa; o sentido da culpa e o medo da punição depois da morte, a doutrina oficial. Porém, em todos os casos, a participação dos outros na morte de um indivíduo era muito mais comum. Hoje sabemos como aliviar as dores da morte em alguns casos; angústias de culpa são mais plenamente recalcadas e talvez dominadas. Grupos religiosos são menos capazes de assegurar sua dominação pelo medo do inferno. Mas o envolvimento dos outros na morte de um indivíduo diminuiu. Como em relação a outros aspectos do processo civilizador, não é fácil equilibrar custos e benefícios. Mas o quadro preto e branco pintado com o sentimento do "bom passado, mau presente" não serve a qualquer propósito. A questão principal é como e por que era assim, e por que se tornou diferente. Uma vez certos das respostas a essas perguntas, estaremos em condições de formar um juízo de valor.

## 5

No curso de um processo civilizador, mudam os problemas enfrentados pelas pessoas. Mas não mudam de uma maneira desestruturada, caótica. Examinando de perto, detectamos uma ordem específica mesmo na sucessão de problemas sociais humanos que acompanham o processo. Esses problemas também têm formas que são específicas de seu estágio particular.

Assim, por exemplo, as pessoas se tornaram conscientes das doenças causadas por vírus como um problema independente apenas depois de terem obtido sucesso na explicação e, até certa medida, no controle das grandes infecções por bactérias. O ganho não foi em vão, pois representou progresso, mas não foi absoluto, pois não encerrou a luta contra os agentes patogênicos. O mesmo vale para o aumento da população. O progresso na luta contra a doença, particularmente o controle das grandes epidemias, é parcialmente responsável por esse processo cego, não planejado e perigoso. Que pensaríamos de alguém que, diante do perigo da explosão demográfica, ansiasse por um retorno ao "bom passado" com suas restrições malthusianas ao aumento da população — peste, guerra, abstinência, fome e morte precoce?

No curso do nítido surto civilizador que teve início há quatrocentos ou quinhentos anos, as atitudes das pessoas em relação à morte e a própria maneira de morrer sofreram mudanças, junto com muitas outras coisas. Os contornos e a direção dessa mudança são claros. Podem ser demonstrados por uns poucos exemplos, mesmo num contexto em que não é possível fazer justiça à complexa estrutura dessa mudança.

Em épocas mais antigas, morrer era uma questão muito mais pública do que hoje. E não poderia ser diferente. Primeiro porque era muito menos comum que as pessoas estivessem sozinhas. Freiras e monges podem ter estado sós em suas celas, mas as pessoas comuns viviam constantemente juntas. As moradias deixavam pouca escolha. Nascimento e morte — como outros aspectos animais da vida humana — eram eventos mais públicos, e portanto mais sociáveis, que hoje; eram menos privatizados. Nada é mais característico da atitude atual em relação à morte que a relutância dos adultos diante da familiarização das crianças com os fatos da morte. Isso é particularmente digno de nota como sintoma de seu recalcamento nos planos individual e social. Uma vaga sensação de que as crianças podem ser prejudicadas leva a se ocultar delas os simples fatos da vida que terão que vir a conhecer e compreender. Mas o perigo para as crianças não está em que saibam da finitude de cada vida humana, inclusive a de seu pai, de sua mãe e de sua própria; de qualquer maneira as fantasias infantis giram em torno desse problema, e o medo e a angústia que o cercam são muitas vezes reforçados pelo poder intenso de sua imaginação. A consciência de que normalmente terão uma longa vida pela frente pode ser, em contraste com suas perturbadoras fantasias, realmente benéfica. A dificuldade está em como se fala às crianças sobre a morte, e não no que lhes é dito. Os adultos que evitam falar a seus filhos sobre a morte sentem, talvez não sem razão, que podem transmitir a eles suas próprias angústias. Sei de casos em que um dos pais morreu num acidente de automóvel. As reações dos filhos dependem da idade e da estrutura da personalidade, mas o efeito profundamente traumático que tal experiência pode ter neles me faz acreditar que seria salutar para as crianças que tivessem familiaridade com o simples fato da morte, a finitude de suas próprias vidas e a de todos os demais. Sem dúvida, a aversão dos adultos de hoje a transmitir às crianças os fatos biológicos da morte é uma peculiaridade do padrão dominante da civilização nesse estágio. Antigamente, as crianças também estavam presentes quando as pessoas morriam. Onde quase tudo acontece diante dos olhos dos outros, a morte também tem lugar diante das crianças.

## 6

Nos estágios anteriores de desenvolvimento social, as pessoas eram menos cerceadas na esfera da vida social, inclusive na fala, pensamento e escrita. A censura pessoal, e a dos companheiros, assumia forma diferente. Um poema de período relativamente tardio — século XVII — pode ajudar a ilustrar a diferença. É do poeta silésio Christian Hofmann von Hofmannswaldau e leva o título de "Transitoriedade da beleza".

> Por fim a morte pálida com sua mão gelada
> Com o tempo acariciará teus seios;
> O belo coral de teus lábios empalidecerá
> A neve de teus mornos ombros será fria areia
> O doce piscar de teus olhos / o vigor de tua mão
> Por quem caem / cedo desaparecerão
> Teu cabelo / que agora tem o tom do ouro
> Os anos farão cair, uma comum madeixa
> Teu bem-formado pé / a graça de teus movimentos
> Serão em parte pó / em parte nada e vazio.
> Então ninguém mais cultuará teu esplendor agora divino
> Isso e mais que isso por fim terá passado
> Só teu coração todo o tempo durará
> Porque de diamante o fez a Natureza.

Leitores de nossos dias podem achar a metáfora da morte pálida acariciando os seios da bem-amada com sua mão fria um tanto grosseira, talvez de mau gosto. Podem, ao contrário, ver no poema uma profunda preocupação com o problema da morte. Mas talvez só possamos nos ocupar desse poema em virtude de um singular surto de informalização, que começou depois de 1918, foi fortemente revertido em 1933 e ganhou impulso novamente de 1945 em diante. Como muitos poemas barrocos, ofende grande número de tabus vitorianos e guilherminos. Referir-se com tal detalhe, com tão pouco romantismo e mesmo num tom um tanto jocoso à morte da amada pode, até mesmo hoje, quando prevalece um certo relaxamento dos tabus vitorianos, parecer incomum. Até que atentemos para as mudanças civilizatórias que encontram expressão no presente, e, portanto, na estrutura de nossa própria personalidade, ficaremos no escuro enquanto intérpretes, enquanto historiadores hermenêuticos do passado. Interpretações arbitrárias serão a norma e conclusões erradas, a regra. O fato de que gerações anteriores falassem mais abertamente da morte, da sepultura e dos vermes será tomado como indicação de seu interesse mórbido pela morte; suas francas referências às relações físicas entre homens e mulheres, como signos de lascívia ou frouxidão moral. Só quando formos capazes de maior distanciamento de nós mesmos, de nosso estágio de civilização, e nos tornarmos conscientes do caráter específico de nosso próprio limiar de vergonha e repugnância, poderemos fazer justiça às ações e obras de pessoas em outros estágios.

Um poema como esse provavelmente aflorou de maneira muito mais direta do intercurso social de homens e mulheres do que os poemas mais privados e individualizados de nossa época. Nele, seriedade e graça se combinam de um modo sem paralelos hoje. Talvez fosse um poema escrito para uma ocasião particular; pode ter se difundido nos círculos de Hofmannswaldau e causado muito divertimento a seus amigos de ambos os sexos. Falta aqui o tom solene ou sentimental mais tarde muitas vezes associado à lembrança da morte e da sepultura. Que tal advertência seja combinada com uma brincadeira mostra a diferença de atitude de maneira especialmente clara. As pessoas no círculo do poeta devem ter se divertido com uma brincadeira que facilmente escapa a um leitor moderno. Hofmannswaldau diz à sua relutante amada que sua beleza desaparecerá na sepultura, seus lábios de coral, seus ombros de neve, seus olhos insinuantes, todo seu corpo decairá — exceto seu coração: ele é duro como diamante, pois ela não dá ouvidos a seus apelos. No registro dos sentimentos contemporâneos dificilmente encontraremos qualquer coisa que corresponda a essa mistura de funéreo e irreverente, essa descrição detalhada da decomposição humana como manobra de sedução.

Podemos talvez tomar o poema como invenção individual do escritor. Do ponto de vista da história da literatura, poderia facilmente ser assim interpretado. Mas, no contexto, como evidência da atitude em relação à morte existente num estágio diferente de civilização, o poema ganha significação precisamente pelo fato de que seu tema é tudo menos uma invenção individual. É um tema comum da poesia barroca europeia no sentido mais amplo, que nos diz alguma coisa sobre o modo dos jogos do amor nas sociedades patrícias e cortesãs do século XVII. Nessas sociedades, havia numerosos poemas sobre o mesmo tema. Apenas o tratamento poético era individual e variável. O mais belo e famoso poema sobre ele é "To his Coy Mistress" ["À sua amada recatada"], de Marvell. Contém a mesma brusca lembrança do que aguarda o belo corpo na sepultura, advertindo a mulher de coração duro a não fazê-lo esperar tanto. Esse poema também foi desprezado durante séculos. Hoje, alguns de seus versos são citações de antologias:

> A sepultura é um bom lugar privado,
> Mas nela, creio, ninguém é amado.

Variações sobre o mesmo tema são encontradas em Ronsard, Opitz e outros poetas da época. Representam um limiar diferente do nosso de vergonha e embaraço e, portanto, uma estrutura diferente de personalidade, que é social e não individual. Referências à morte, à sepultura e a todos os detalhes do que acontece aos seres humanos nessa situação não eram sujeitas a uma censura social estrita. A visão de corpos humanos em decomposição era lugar-comum. Todos, inclusive as crianças, sabiam como eram esses corpos; e, porque todos sabiam, podiam falar disso com relativa liberdade, na sociedade e na poesia.

Hoje as coisas são diferentes. Nunca antes na história da humanidade foram os moribundos afastados de maneira tão asséptica para os bastidores da vida social; nunca antes os cadáveres humanos foram enviados de maneira tão inodora e com tal perfeição técnica do leito de morte à sepultura.

## 7

Intimamente ligado em nossos dias, à maior exclusão possível da morte e dos moribundos da vida social, e à ocultação dos moribundos dos outros, particularmente das crianças, há um desconforto peculiar sentido pelos vivos na presença dos moribundos. Muitas vezes não sabem o que dizer. A gama de palavras disponíveis para uso nessas ocasiões é relativamente exígua. O embaraço bloqueia as palavras. Para os moribundos essa pode ser uma experiência amarga. Ainda vivos, já haviam sido abandonados. Mas mesmo aqui o problema que a proximidade da morte e a morte colocam para os que ficam não existe isoladamente. A reticência e a falta de espontaneidade na expressão de sentimentos de simpatia nas situações críticas de outras pessoas não se limitam à presença de alguém que está morrendo ou de luto. Em nosso estágio de civilização manifesta-se em muitas ocasiões que demandam a expressão de forte participação emocional sem perda do autocontrole. Algo semelhante ocorre em situações de amor e de ternura.

Em todos esses casos é especialmente a geração mais jovem que, mais que em séculos anteriores, fica entregue a seus próprios recursos, a sua própria capacidade de invenção individual, na procura das palavras certas para seus sentimentos. A convenção social fornece às pessoas umas poucas expressões estereotipadas ou formas padronizadas de comportamento que podem tornar mais fácil enfrentar as demandas emocionais de tal situação. Frases convencionais e rituais ainda estão em uso, porém mais pessoas do que antigamente se sentem constrangidas em usá-las, porque parecem superficiais e gastas. As fórmulas rituais da velha sociedade, que tornavam mais fácil enfrentar situações críticas como essa, soam caducas e pouco sinceras para muitos jovens; novos rituais que reflitam o padrão corrente dos sentimentos e comportamentos, que poderiam tornar a tarefa mais fácil, ainda não existem.

Seria falso sugerir que os problemas específicos do estágio da civilização na relação dos saudáveis com os moribundos, dos vivos com os mortos, são um dado isolado. O que surge aqui é um problema parcial, um aspecto de um problema geral da civilização em seu estágio presente.

Nesse caso, também, a peculiaridade da situação presente pode ser melhor delineada por referência a um exemplo do mesmo problema no passado. No final de outubro de 1758, a margravina de Bayreuth, irmã do rei Frederico II da Prússia, estava à morte. O rei não pôde viajar para vê-la, mas mandou às pressas seu próprio médico Cothenius, caso ainda pudesse ajudá-la. Mandou também poemas e a seguinte carta, datada de 20 de outubro:

Ternamente amada Irmã,

Recebe com carinho os versos que te mando. Estou tão cheio de ti, teu risco e minha gratidão, que tua imagem constantemente governa minh'alma e todos os meus pensamentos, acordado ou sonhando, escrevendo prosa ou poesia. Que o Céu atenda os votos por tua recuperação que diariamente lhe dirijo! Cothenius está a caminho; venerá-lo-ei se puder preservar a pessoa que é em todo o mundo a mais próxima de meu coração, que estimo e honro e por quem continuo, até o momento de devolver meu corpo aos elementos, mais ternamente amada irmã, teu leal e devotado irmão e amigo,

Frederico

O rei não escreveu essa carta em francês, mas em alemão, o que raramente fazia. Podemos imaginar que a carta serviu de consolo à moribunda e facilitou sua partida do mundo dos vivos — se ainda foi capaz de lê-la.

A língua alemã não é particularmente rica em expressões nuançadas para ligações não sexuais entre pessoas — não sexuais, qualquer que seja sua origem. Faltam palavras correspondentes à "afeição" e "afeiçoado". *Zuneigung* e *zugetan*, que sugerem a ideia de "inclinação", não carregam a simpatia comedida do nosso termo, e são pouco usadas. A "mais ternamente amada irmã" de Frederico é, sem dúvida, expressão exata de seus sentimentos. Seria usada hoje? Sua ligação com sua irmã era provavelmente o mais forte laço que o prendia a qualquer mulher ou pessoa em sua vida. Podemos supor que o sentimento verbalizado em sua carta é sincero. A afeição entre irmão e irmã era recíproca. Ele claramente compreendia que uma afirmação de sua grande afeição levaria conforto à moribunda. Mas a expressão desses sentimentos fica mais fácil para ele por sua confiança implícita em certas convenções linguísticas de sua sociedade, que conduzem sua pena. O leitor moderno, com ouvido afinado para detectar os clichês do passado, pode perceber "tua imagem" que "constantemente governa minh'alma" como convencional e "o Céu atenda os votos" como teatralmente barroco, particularmente na boca de um monarca que não era famoso pela piedade. De fato, Frederico utiliza termos convencionais para exprimir seus sentimentos. Mas é capaz de usá-los de tal maneira que sua sinceridade é visível, e podemos supor que a irmã percebeu essa sinceridade. A estrutura das comunicações era tal que aqueles a quem eram endereçadas podiam distinguir entre usos sinceros e insinceros de expressões corteses, ao passo que nossos ouvidos não podem mais distinguir essas nuances de civilidade.

Isso ilumina os contrastes com a situação presente. O breve surto de informalização[5] ainda em progresso nos torna especialmente desconfiados em relação aos rituais convencionais e às frases "floreadas" de gerações passadas. Muitas fórmulas socialmente prescritas trazem em

---

5 Cf. Cas Wouters, "Informalization and the civilizing process", in *Human Figurations. Essays for Norbert Elias*, org. Peter R. Gleichmann, Johan Goudsblom e Hermann Korte, Amsterdã, 1977, p.437-53.

torno de si a aura de antigos sistemas de dominação; não podem mais ser usadas mecanicamente como o *om mani padme* nos círculos de oração dos monges budistas. Mas ao mesmo tempo a mudança que acompanha o estágio presente da civilização produz em muitas pessoas uma indisposição e muitas vezes uma incapacidade de exprimir emoções fortes, tanto na vida pública como na vida privada. Elas só podem ser ventiladas, assim parece, em conflitos políticos e sociais. No século XVII, os homens podiam chorar em público; isso tornou-se hoje difícil e pouco frequente. Só as mulheres ainda são capazes, socialmente livres para fazê-lo — por quanto tempo ainda?

Na presença de pessoas que estão para morrer — e dos que as pranteiam — vemos, portanto, com particular clareza um dilema característico do presente estágio do processo civilizador. Uma mudança em direção à informalidade fez com que uma série de padrões tradicionais de comportamento nas grandes situações de crise da vida humana, incluindo o uso de frases rituais, se tornasse suspeita e embaraçosa para muitas pessoas. A tarefa de encontrar a palavra e o gesto certos, portanto, sobra para o indivíduo. A preocupação de evitar rituais e frases socialmente prescritos aumenta as demandas sobre a capacidade de invenção e expressão individual. Essa tarefa, porém, está muitas vezes fora do alcance das pessoas no estágio corrente da civilização. A maneira como as pessoas vivem em conjunto, que é fundamental neste estágio, exige e produz um grau relativamente alto de reserva na expressão de afetos fortes e espontâneos. Muitas vezes, só sob pressão excepcional elas são capazes de superar a barreira que bloqueia as ações resultantes de fortes emoções, e também sua verbalização. Assim, a fala espontânea com os moribundos, da qual estes têm especial necessidade, torna-se difícil. Apenas as rotinas institucionalizadas dos hospitais dão alguma estruturação social para a situação de morrer. Essas, no entanto, são em sua maioria destituídas de sentimentos e acabam contribuindo para o isolamento dos moribundos.

Rituais religiosos de morte podem provocar nos crentes sentimentos de que as pessoas estão pessoalmente preocupadas com eles, o que é sem dúvida a função real desses rituais. Fora deles, morrer é no presente uma situação amorfa, uma área vazia no mapa social. Os rituais seculares foram esvaziados de sentimento e significado; as formas seculares tradicionais de expressão são pouco convincentes. Os tabus proíbem a excessiva demonstração de sentimentos fortes, embora eles possam acontecer. E a tradicional aura de mistério que cerca a morte, com o que permanece dos gestos mágicos — abrir as janelas, parar os relógios —, torna a morte menos tratável como problema humano e social que as pessoas devem resolver entre si e para si. No presente, aqueles que são próximos dos moribundos muitas vezes não têm capacidade de apoiá-los e confortá-los com a prova de sua afeição e ternura. Acham difícil apertar a mão de um moribundo ou acariciá-lo, proporcionar-lhe uma sensação de proteção e pertencimento, ainda. O crescente tabu da civilização em relação à expressão de sentimentos espontâneos e fortes trava suas línguas e mãos. E os viventes podem, de maneira semiconsciente, sentir que a morte é contagiosa e ameaçadora; afastam-se involuntariamente dos moribundos. Mas, para os íntimos que se vão, um gesto de afeição é talvez a maior ajuda, ao lado do alívio da dor física, que os que ficam podem proporcionar.

## 8

O afastamento dos vivos em relação aos moribundos e o silêncio que gradualmente os envolve continuam depois que chega o fim. Isso pode ser visto, por exemplo, no tratamento dos cadáveres e no cuidado com as sepulturas. As duas atividades saíram das mãos da família, parentes e amigos e passaram para especialistas remunerados. A memória da pessoa morta pode continuar acesa; os corpos mortos e as sepulturas perderam significação. A *Pietà* de Michelangelo, a mãe em prantos com o corpo de seu filho, continua compreensível como obra de arte, mas dificilmente imaginável como situação real.

Uma brochura publicada por jardineiros de cemitério mostra quão distante o cuidado das sepulturas está das famílias.[6] Naturalmente, adverte contra concorrentes

---

6 *Friedhof. Grüner Raum in der Stadt*, publicado pela Zentrale Marketinggesellschaft der deutschen Agrarwirtschaft GmbH, em colaboração com a Zentralverband Gartenbau e V. Bundesfachgruppe Friedhofsgärtner.

e rivais que podem reduzir a quantidade de flores adornando as sepulturas. Podemos supor que a agência de marketing adaptou a brochura tanto quanto possível à mentalidade dos possíveis consumidores. O silêncio sobre a significação das sepulturas como lugares onde pessoas mortas estão enterradas é, em função disso, quase total. Compreensivelmente, referências explícitas a qualquer conexão entre a profissão de jardineiro de cemitério e o enterro dos cadáveres estão inteiramente ausentes. Essa ocultação cuidadosa, que reflete a mentalidade dos clientes potenciais, surge de maneira especialmente clara se lembrarmos o tom dos poemas do século XVII citados acima. A franqueza com que eles falam do que acontece ao corpo na sepultura oferece claro contraste à supressão higiênica de associações desagradáveis do material impresso e, sem dúvida, da conversação social de nosso tempo. Que Marvell pudesse esperar ganhar os favores da mulher amada advertindo-a de que os vermes ameaçariam sua "tão preservada virgindade" e de que sua "singular honra se tornaria pó" na sepultura dá uma indicação do quanto avançou o limiar de repugnância desde então, no curso de um processo civilizador não planejado. Lá, mesmo os poetas falam com desembaraço dos vermes da sepultura; aqui, mesmo os jardineiros do cemitério evitam qualquer coisa que possa lembrar a conexão entre sepultura e morte. A mera palavra "morte" é evitada sempre que possível; aparece só uma vez na brochura — quando são mencionadas as datas comemorativas dos mortos; e a má impressão causada pela palavra é imediatamente equilibrada pela menção aos dias de casamento — quando também se requerem flores. As perigosas associações de cemitério são neutralizadas apresentando-o simplesmente como um "espaço verde na cidade":

> Os jardineiros de cemitério alemães ... gostariam de dar ao cemitério maior relevo na consciência pública como uma área cultural e tradicional, como um lugar de recolhimento e como parte da área verde urbana. Pois uma consciência pública elevada é a melhor garantia de que o tradicional retrato do cemitério verde e em flor não será um dia ameaçado por estranhos costumes de enterro, por restrições baseadas em argumentos econômicos, por desmandos de projetos descontrolados ou pelo planejamento tecnocrático dos espaços fundado exclusivamente na racionalização.

Seria proveitoso discutir em detalhe as táticas da luta contra os vários rivais comerciais, mas não aqui. De todo modo, os clientes potenciais são protegidos, tanto quanto humanamente possível, da lembrança da morte e de tudo relativo a ela. Para a possível clientela, a morte se tornou de mau gosto. Mas a atitude evasiva e encobridora, por sua vez, tem um efeito algo desagradável.

Seria muito bom se o lugar de recordação dos mortos fosse realmente planejado como um parque para os vivos. Essa é a imagem que os jardineiros do cemitério gostariam de transmitir — "uma ilha silenciosa, verde e em flor em meio ao ruído frenético da vida cotidiana". Se fossem realmente parques para os vivos, onde os adultos pudessem comer seus sanduíches e as crianças, brincar!

Talvez isso tenha sido possível outrora, mas é impossível hoje em função da tendência à solenidade, à ideia de que a graça e o riso são inadequados na vizinhança dos mortos — sintomas da tentativa semiconsciente dos vivos de distanciar-se dos mortos e de empurrar esse aspecto embaraçoso da animalidade humana para tão longe quanto possível atrás das cenas da vida normal. Crianças que tentem brincar alegremente entre os túmulos serão advertidas pelos guardiães da grama bem-aparada e dos canteiros por sua falta de reverência e respeito aos mortos. Mas quando as pessoas morrem, nada sabem da reverência com que são ou não tratadas. E a solenidade com que funerais e túmulos são cercados, a ideia de que deve haver silêncio em torno deles, de que se deve falar em voz abafada nos cemitérios para evitar perturbar a paz dos mortos — tudo isso são realmente formas de distanciar os vivos dos mortos, meios de manter à distância uma sensação de ameaça. São os vivos que exigem reverência pelos mortos, e têm suas razões. Essas incluem seu medo da morte e dos mortos; mas muitas vezes também servem como meio de aumentar o poder dos vivos.

## 9

Até o modo como é utilizada a expressão "os mortos" é curioso e revelador. Dá a impressão de que as pessoas mortas em certo sentido ainda existem não só na memória dos vivos, mas independentemente deles. Os mortos, porém, não existem. Ou só existem na memória dos vivos, presentes e futuros. É especialmente para as desconhecidas gerações futuras que aqueles que estão agora vivos se voltam com tudo o que é significativo em suas realizações e criações. Mas nem sempre se dão conta disso. O medo de morrer é sem dúvida também um medo de perda e destruição daquilo que os próprios moribundos consideram significativo. Mas só o tribunal daqueles que ainda não nasceram pode decidir se o que parece significativo para as gerações anteriores será também significativo, para além de suas vidas, para as outras pessoas. Mesmo as lápides, em sua simplicidade, dirigem-se a esse tribunal — talvez um passante venha a ler na pedra, julgada imperecível, que ali estão enterrados tais pais, tais avós, tais filhos. O que está escrito na pedra é uma mensagem muda dos mortos para quem quer que esteja vivo — um símbolo de um sentimento talvez ainda não articulado de que a única maneira pela qual uma pessoa morta vive é na memória dos vivos. Quando a cadeia da recordação é rompida, quando a continuidade de uma sociedade particular ou da própria sociedade humana termina, então o sentido de tudo que seu povo fez durante milênios e de tudo o que era significativo para ele também se extingue.

Hoje ainda é um tanto difícil dar uma ideia da dimensão da dependência das pessoas em relação às outras. Que o sentido de tudo o que uma pessoa faz esteja no que ela significa para os outros, não apenas para os que agora estão vivos, mas também para as gerações futuras, que ela seja, portanto, dependente da continuidade da sociedade humana por gerações, é certamente uma das mais fundamentais das mútuas dependências humanas, daqueles do futuro em relação aos do passado, daqueles do passado em relação aos do futuro. Mas uma compreensão dessa dependência é particularmente impedida hoje pela recusa de enfrentar a finitude da vida individual, inclusive a nossa própria, e a dissolução próxima de nossa própria pessoa, e de incluir esse conhecimento na maneira como vivemos nossa vida — em nosso trabalho, em nosso prazer e, acima de tudo, em nosso comportamento em relação aos outros.

Muitas vezes, as pessoas hoje se veem como indivíduos isolados, totalmente independentes dos outros. Perseguir os próprios interesses — vistos isoladamente — parece então a coisa mais sensata e gratificante que uma pessoa poderia fazer. Nesse caso, a tarefa mais importante da vida parece ser a busca de sentido apenas para si mesmo, independente das outras pessoas. Não é de surpreender que as pessoas que procuram essa espécie de sentido achem absurdas suas vidas. Raramente, e com dificuldade, as pessoas podem ver a si mesmas, em sua dependência dos outros — uma dependência que pode ser mútua —, como elos limitados na cadeia das gerações, como quem carrega uma tocha numa corrida de revezamento, e que por fim a passará ao seguinte.

No entanto, o recalcamento e o encobrimento da finitude da vida humana individual certamente não é, como às vezes se diz, uma peculiaridade do século XX. É provavelmente uma reação tão antiga quanto a consciência dessa finitude, quanto o pressentimento da própria morte. No curso da evolução biológica, podemos supor, desenvolveu-se nos seres humanos uma espécie de entendimento que lhes permitiu relacionar o fim que conheciam no caso de outras criaturas — algumas das quais lhes serviam de alimento — a si mesmos. Graças a um poder de imaginação exclusivo entre as criaturas vivas, vieram gradualmente a conhecer de antemão o fim como conclusão inevitável de toda vida humana. Mas junto com essa previsão do próprio fim provavelmente ocorreu, desde o início, uma tentativa de suprimir esse conhecimento indesejado e encobri-lo com noções mais satisfatórias. E aí a singular capacidade humana de imaginação veio em sua ajuda. O conhecimento indesejado e as fantasias encobridoras são, portanto, provavelmente fruto do mesmo estágio de evolução. Hoje, com imenso acúmulo de experiência, não podemos mais deixar de perguntar-nos se esses sonhos complacentes não têm, a longo prazo, consequências bem mais indesejáveis e perigosas para os seres humanos em sua vida comunal que o conhecimento bruto e sem retoques.

O encobrimento e o recalcamento da morte, isto é, da finitude irreparável de cada existência humana, na consciência humana, são muito antigos. Mas o modo do encobrimento mudou de maneira específica com o correr do tempo. Em períodos anteriores, fantasias coletivas eram o meio predominante de lidar com a noção de morte. Ainda hoje, é claro, desempenham um importante papel. O medo de nossa própria transitoriedade é amenizado com ajuda de uma fantasia coletiva de vida eterna em outro lugar. Como a administração dos medos humanos é uma das mais importantes fontes de poder das pessoas sobre as outras, uma profusão de domínios se estabeleceu e continua a se manter sobre essa base. Com a grande escalada da individualização em tempos recentes, fantasias pessoais e relativamente privadas de imortalidade destacam-se mais frequentemente da matriz coletiva e vêm para o primeiro plano.[7]

7 Tenho a sensação de que Ariès, a despeito de uma admirável erudição que se estende às fantasias de imortalidade contemporâneas, não faz justiça à estrutura da mudança de que nos ocupamos — outra vez porque lhe faltam os modelos teóricos dos processos de longa duração e, assim, o conceito de um impulso à individualização. Escreve com patente desprezo, quase aversão, sobre as fantasias de imortalidade dos contemporâneos, contrastando-as cruamente com o que acredita tenha sido a atitude tradicional de calma espera pela morte. Cita com aprovação, fazendo uma crítica velada aos contemporâneos, o *Pavilhão dos cancerosos*, de Solzhenitsyn: "Eles não se rebelaram, nem resistiram, nem afirmaram que nunca morreriam", escreve sobre as pessoas de concepções tradicionais (*Studien zur Geschichte*, p.25). Realmente não sei se os contemporâneos se rebelam mais. A maioria das pessoas com fantasias de imortalidade que conheço está ciente de que são fantasias. De todo modo, o que está em questão aqui tem uma estrutura claramente discernível. Em tempos passados, fantasias coletivas institucionalizadas que garantiam a imortalidade individual tinham a primazia, e o peso que recebiam da institucionalização e das crença coletiva tornava quase impossível reconhecer essas noções como fantasias. Hoje, o poder dessas ideias coletivas sobre as mentes das pessoas diminuiu, de tal forma que fantasias individuais de imortalidade, às vezes reconhecidas como tais, tendem a surgir em primeiro plano. Modelos teóricos de processos de longa duração, tais como os expressos no conceito de um

Freud sustentava que a instância psicológica que chamava de "isso", a camada mais animal da psiquê, mais próxima do estado natural primitivo, que tratava quase como uma pequena pessoa, se acredita imortal. Mas não penso que possamos aceitar tal afirmação. No âmbito do isso uma pessoa não tem capacidade de prever e, portanto, não tem nenhuma noção antecipada sobre sua própria mortalidade. Sem esse conhecimento, a ideia compensatória da imortalidade pessoal não pode ser explicada: não teria função. Freud atribui aos impulsos do isso, que estão inteiramente voltados para o aqui e agora, um nível de reflexão que não podem atingir.

Muitas outras fantasias descobertas por Freud se agrupam em torno da imagem da morte. Já me referi aos sentimentos de culpa, à noção da morte como punição por más ações cometidas. É uma questão aberta a ajuda que se pode dar aos moribundos aliviando angústias profundas referentes a punições por ofensas imaginárias — muitas vezes infantis. A instituição eclesiástica do perdão

---

impulso de crescente individualização, não são dogmas. Com seu auxílio não é preciso, e nem possível, violar os dados observáveis. Tais modelos podem ser mudados, dogmas como substitutos de teoria são inflexíveis. Não se pode deixar de lamentar, dada a grande riqueza do conhecimento de Ariès. Seria muito bom se ele pudesse se convencer de que dogmas preconcebidos tornam os pesquisadores cegos mesmo em relação a estruturas que são quase palpavelmente óbvias, como a da transição das fantasias de imortalidade de um estágio em que predominam as fantasias coletivas altamente institucionalizadas para outro, em que fantasias individuais e relativamente privadas surgem com mais força.

e da absolvição mostra uma compreensão intuitiva da frequência com que angústias de culpa se associam ao processo da morte, e Freud foi o primeiro a oferecer uma explicação científica para elas.

Não pode ser minha tarefa aqui abordar todos os vários motivos fantasísticos associados à ideia de nossa própria morte e ao processo de morrer. Mas não se pode subestimar o fato de que, tanto no mundo mágico de fantasias dos povos mais simples, quanto nas correspondentes fantasias individuais de nossos dias, a imagem da morte está intimamente ligada à de matar. Povos mais simples experimentam as mortes de pessoas socialmente poderosas, pelo menos, como alguma coisa que alguém fez a elas, como uma espécie de assassinato. Os sentimentos dos sobreviventes estão envolvidos. Não colocam a questão mais distante da *causa* impessoal da morte. Como é sempre o caso quando fortes emoções estão envolvidas, procura-se um culpado. Só quando sabem quem ele é podem esperar vingar-se e descarregar as paixões despertadas pela morte. Não podem vingar-se de uma causa impessoal. Impulsos desse tipo, que em sociedades mais simples guiam diretamente as ações e pensamentos das pessoas, também desempenham um papel indiscutível no comportamento dos adultos em sociedades mais desenvolvidas. Mas nesse caso não têm controle direto sobre o comportamento. É o caso ainda com as crianças pequenas, mas sua fraqueza física normalmente oculta dos adultos a intensidade de seus impulsos afetivos. Além disso, as crianças pequenas não podem distinguir de maneira apropriada entre o desejo de agir e o ato realizado, entre a fantasia e a realidade. O surgimento espontâneo do ódio e dos desejos de morte têm para eles poder mágico; o desejo de matar mata. As crianças em nossa sociedade às vezes ainda são capazes de exprimir tais desejos abertamente. "Então colocaremos o papai na lata de lixo", disse o filhinho de um amigo com evidente prazer, "e fecharemos a tampa." Provavelmente se sentiria culpado se seu pai realmente tivesse se ido. A filhinha de outro amigo assegurava a todos os que se dispusessem a ouvir que não era culpa dela o fato de sua mãe estar tão doente e ter que "ser operada".

Encontramos aqui um componente adicional da particular aversão que hoje muitas vezes afeta as pessoas na presença de um moribundo, ou — é preciso acrescentar — da especial atração que moribundos, sepulturas e cemitérios exercem sobre algumas pessoas. As fantasias destas últimas poderiam ser resumidas aproximadamente com as palavras: "*Eu* não os matei!" Por outro lado, a proximidade de moribundos ou sepulturas às vezes desperta nas pessoas não apenas o medo da própria morte, mas desejos de morte e angústias de culpa suprimidos, resumidos na pergunta "Poderia *eu* ser culpado de sua morte? Desejei *eu* vê-los mortos por odiá-los?".

Mesmo adultos em sociedades industriais mais desenvolvidas têm níveis mágicos de experiência que se opõem a explicações impessoais e objetivas de doenças e mortes. A força do choque que a morte de um dos pais produz nos adultos é um sinal disso. Pode ser parcialmente conectada à profunda identificação entre filhos e pais, ou entre outras pessoas com laços emocionais próximos: isto é, pode ser conectada à experiência de outras pessoas como parte ou extensão de nós mesmos. O sentimento de que um companheiro perdido era "parte de mim" é encontrado em relações dos tipos mais diferentes — entre pessoas casadas há muito tempo, amigos, filhos e filhas. Mas nestes últimos, a morte de um pai ou de uma mãe muitas vezes desperta desejos de morte enterrados e esquecidos, associados a sentimentos de culpa e, em alguns casos, ao medo da punição. A aguda intensificação desses sentimentos pode enfraquecer as fantasias compensatórias de imortalidade pessoal.

Tais fantasias, como já disse, tornaram-se mais frequentes em conjunção com a individualização mais acentuada dos tempos recentes. Entretanto, fantasias coletivas de imortalidade altamente institucionalizadas continuam a existir com vigor apenas ligeiramente menor em nossas sociedades. Um manual escolar perfeitamente sensato descreve o que as pessoas dizem às crianças quando uma pessoa morre:

> "Seu avô está no céu agora" — "Sua mamãe olha para você lá do céu" — "Sua irmãzinha agora é um anjo".[8]

O exemplo mostra quão firmemente arraigada está em nossa sociedade a tendência a ocultar a finitude irrevogá-

---

8 *Religion, Bilder und Wörter*, org. Hans-Dieter Bastian, Hana Rauschenberger, Dieter Stoodt e Klaus Wegenast, Düsseldorf, 1974, p.121.

vel da existência humana, especialmente das crianças, pelo uso de ideias coletivas acalentadoras, e a assegurar o encobrimento por uma rígida censura social estrita.

## 10

Numa área sociobiológica diferente, mas também isolada por uma complexa estrutura de normas sociais — a área das relações sexuais —, uma mudança perceptível teve lugar nos últimos anos. Nessa esfera, um bom número de barreiras civilizadoras que eram previamente consideradas evidentes e indispensáveis foi desmontado. A aceitação social de comportamentos previamente sob tabu absoluto se tornou possível. Problemas sexuais podem ser discutidos publicamente num novo patamar de franqueza mesmo com crianças. O segredo sobre as práticas sexuais e muitas proibições em torno delas, que serviam a instituições estatais e clericais como instrumentos de dominação, deram lugar, num grau inimaginável na era vitoriana, a maneiras mais abertas e pragmáticas de comportamento e fala. A maior exposição nessa área levou a novos problemas e a um período de experimentação com novas soluções, tanto na prática social quanto na pesquisa empírica e teórica. Isso talvez venha a definir com maior exatidão as funções das regras sociais na esfera sexual — tanto em relação ao desenvolvimento individual quanto à vida comunitária. Mas já está claro que uma série inteira de regras sexuais tradicionais, que se formaram durante o avanço não planejado do processo civilizador, tinha função apenas para a certos grupos hegemônicos, para relações de poder específicas, como aquelas entre monarca e súdito, homens e mulheres ou pais e filhos. Apareceram como mandamentos morais eternos enquanto um grupo esteve firmemente estabelecido como dominante, e perderam muito de sua função e plausibilidade quando surgiu uma distribuição ligeiramente menos desigual do poder. Isso tornou possível experimentar outros padrões de comportamento no campo sexual, e assim também outros padrões de autocontrole compatíveis com um modo mais equilibrado de vida em comum, permitindo uma relação menos frustrante entre o controle dos instintos e sua realização.

O relaxamento dos tabus sexuais já sem função ficou particularmente perceptível na educação dos adolescentes e no comportamento dos adultos em relação a eles. No começo do século XX, o muro de silêncio entre adultos e crianças sobre essa questão era quase intransponível. Relações sexuais entre adolescentes, caso descobertas, eram muitas vezes punidas severamente. A sexualidade era uma esfera de segredo sobre a qual as crianças podiam falar, no máximo, entre si, mas raramente com os adultos, especialmente os pais, e de maneira alguma com os professores. A severidade da compulsão social à ocultação, a pesada pressão social sobre os impulsos sexuais de rapazes e moças solteiros e os riscos sociais aos quais eles e, claro, também os adultos se expunham de todos os lados quando deixavam de controlar os impulsos sexuais como requeria a estrutura normativa deixaram os indivíduos por algum tempo sozinhos com os desejos frequentemente selvagens e apaixonados de sua idade — o que levou a essa forma de puberdade prolongada assolada permanentemente pela crise, que era vista na época como algo determinado pela natureza. Hoje ela aparece cada vez mais claramente como uma forma de puberdade produzida por um código transitório de moralidade.

Nesse meio tempo, o segredo que cercava a esfera sexual diminuiu. Para pais e professores tornou-se possível, em certa medida dependendo da idade, falar com as crianças sobre problemas sexuais sem quebrar tabus sociais ou ter que enfrentar barreiras de vergonha pessoal e embaraço. Não é mais preciso proteger as crianças com vagas alusões ou pequenas mentiras quando perguntam de onde vêm os bebês. Em suma, nessa área de risco da vida social humana — a sexualidade — os padrões de controle social, a prática social e a consciência pessoal mudaram consideravelmente em conjunto durante o século XX. Uma estratégia de encobrimento e recalcamento, particularmente na relação entre grupos de certa posição social e poder e as gerações emergentes, estratégia que parecia àqueles comprometidos com ela autoevidente e necessária para a sobrevivência da sociedade humana, isto é, como moral *per se*, mostrou-se na prática um elo funcional dentro de uma sociedade fundada sobre estruturas de poder específicas. Quando essas estruturas foram substituídas por uma distribuição de poder menos desigual — entre dominadores e dominados, entre os sexos e as gerações —, também mudou a estratégia de repressão. A ordem não cedeu ao caos quando o alto patamar vitoriano de vergonha e embaraço em torno da vida sexual se reduziu, e o segredo formalizado deu lugar a um comportamento e um discurso mais abertos.

## 11

Em relação à morte, a tendência a isolá-la e ocultá-la tornando-a uma área especial dificilmente terá diminuído desde o século XIX, tendo possivelmente aumentado. Talvez só comparando as diferentes zonas de risco biossocial em diferentes estágios de desenvolvimento social se perceba a desigualdade na ascensão e queda dos tabus, da formalização e informalização nessas diferentes áreas da vida social, embora na experiência das pessoas os perigos derivados da morte e dos instintos possam estar intimamente ligados. As atitudes defensivas e o embaraço com que, hoje, as pessoas muitas vezes reagem a encontros com moribundos e com a morte são comparáveis às reações das pessoas a encontros abertos com aspectos da vida sexual na era vitoriana. Em relação à vida sexual, um relaxamento limitado, mas perceptível, se instalou; o constrangimento social e talvez individual não é mais tão rígido e maciço como costumava ser. Mas em relação à agonia e à morte, a repressão e o embaraço possivelmente aumentaram. Claramente, a resistência a tratar a morte abertamente, numa relação mais descontraída com os moribundos, é mais forte que no caso da sexualidade.

Pode-se supor que diferenças no grau de risco envolvido desempenhem um papel nessa questão. O perigo que a sexualidade irrestrita ou super-restrita representa é, pode-se dizer, um perigo parcial. Estupradores ou indivíduos sexualmente frustrados podem representar uma ameaça para os outros e para si mesmos, mas, via de regra, não morrem disso — a vida continua. Comparada a essa ameaça, a da morte é total. A morte é o fim absoluto da pessoa. Assim, a maior resistência a sua desmitologização talvez corresponda à dimensão do temor experimentado.

Mas ao refletir sobre tais questões não podemos ignorar o fato de que não é a própria morte que desperta temor e terror, mas a imagem antecipada da morte. Se eu caísse morto aqui e agora sem qualquer dor, isso não seria minimamente assustador para mim. Não estaria mais aqui, e, consequentemente, não sentiria o terror. O terror e o temor são despertados somente pela imagem da morte na consciência dos vivos. Para os mortos não há temor nem alegria.

Há, portanto, uma ligação fundamental entre os dois aspectos da vida discutidos antes. E ela pode ser facilmente ignorada. Tanto a sexualidade como a morte são fatos biológicos moldados pela experiência e pelo comportamento de maneira socialmente específica, isto é, de acordo com o estágio alcançado pelo desenvolvimento da humanidade, e da civilização como um aspecto desse desenvolvimento. Cada indivíduo assume os padrões sociais comuns à sua própria maneira. Se percebemos que o determinante na relação das pessoas com a morte não é simplesmente o processo biológico desta, mas a ideia, em constante evolução e específica do estágio da civilização, que se tem dela e a atitude associada a isso, o problema sociológico da morte aparece com contornos mais claros. Torna-se mais fácil perceber pelo menos algumas das características específicas das sociedades contemporâneas, e das estruturas de personalidade associadas a elas, que são responsáveis pela peculiaridade da imagem da morte, e, portanto, pela natureza e pelo grau de recalcamento da morte em sociedades mais desenvolvidas.

## 12

Essas características específicas incluem, em primeiro lugar, a extensão da vida individual nessas sociedades, como já foi dito. Numa sociedade com uma expectativa de vida de 75 anos, a morte para uma pessoa de 20 ou mesmo 30 anos é consideravelmente mais remota que numa sociedade com uma expectativa de vida de 40. É fácil compreender que, na primeira, uma pessoa seja capaz de manter a ideia da morte à distância durante um período maior de sua vida.[9] Mesmo em sociedades avan-

9 Mas talvez houvesse menos acidentes de estrada nessas sociedades se as pessoas não a mantivessem a tal distância.

çadas, um perigo objetivo de morte está sempre presente, como deve ser para todas as coisas vivas. Mas pode ser esquecido. Para parte considerável dessas sociedades, a morte ainda está bem distante. No outro caso, em sociedades menos desenvolvidas com uma expectativa de vida mais curta, a incerteza é maior. A vida é mais curta, a ameaça da morte é trazida mais insistentemente à consciência, a ideia da morte é mais presente, e práticas mágicas para lidar com essa angústia maior, embora oculta, pela integridade da vida e do corpo, práticas que andam de mãos dadas com a maior insegurança, são amplamente difundidas.

A segunda característica específica das sociedades contemporâneas aqui relevante é a experiência da morte como estágio final de um processo natural, experiência que ganhou significação pelo progresso na ciência médica e em medidas práticas para elevar o padrão de higiene. A ideia de um processo natural ordenado é característica de um estágio específico no desenvolvimento do conhecimento e da sociedade. Essa concepção da natureza está tão estabelecida em sociedades mais desenvolvidas que dificilmente tomamos consciência do quanto nossa confiança nas inabaláveis leis da natureza contribui para a sensação de segurança diante dos fatos naturais, característica das pessoas em sociedades que vivem sob o signo da ciência. Como tomam por certa essa segurança, e talvez a imaginem como emanando da racionalidade humana, em geral não compreendem a incerteza muito maior que as pessoas em sociedades pré-científicas sentem diante do que nós — mas não elas — experimentamos como um nexo impessoal de eventos naturais. A imagem da morte que prevalece nas sociedades mais desenvolvidas é fortemente influenciada por esse conhecimento reconfortante. As pessoas bem sabem que a morte chegará; mas saber que ela é o fim de um processo natural ajuda a aliviar a angústia. O conhecimento da implacabilidade dos processos naturais é aliviado pelo conhecimento de que, dentro de certos limites, eles são controláveis. Mais do que nunca, podemos hoje esperar — com a habilidade dos médicos, a dieta e os remédios — o adiamento da morte. Nunca antes na história da humanidade os métodos mais ou menos científicos de prolongar a vida foram discutidos de maneira tão incessante em toda a sociedade como em nossos dias. O sonho do elixir da vida e da fonte da juventude é muito antigo, mas só assumiu uma forma científica — ou pseudocientífica — em nossos dias. A constatação de que a morte é inevitável está encoberta pelo empenho em adiá-la mais e mais com ajuda da medicina e da previdência, e pela esperança de que isso talvez funcione.

## 13

Profundamente ligada a essas características da estrutura e da experiência das sociedades contemporâneas, há uma terceira que é responsável por traços comuns da imagem da morte e da atitude em relação a ela — o grau relativamente alto de pacificação interna nessas sociedades. Ligado a isso está o fato de que as pessoas que formam essas sociedades normalmente visualizam a morte de maneira bem específica. Quando tentam imaginar o processo, provavelmente pensam primeiro numa morte pacífica na cama, resultado de doença ou do enfraquecimento causado pela velhice. Esse retrato da morte que dá ênfase ao caráter natural do processo aparece como normal, ao passo que a morte violenta, particularmente pelas mãos de outra pessoa, aparece como excepcional e criminosa. O fato de que essa segurança física contra a violência dos outros não seja tão grande em todas as sociedades como na nossa não é tão claramente percebido.

É, portanto, necessário dizer que o grau relativamente alto de proteção contra a violência causada por terceiros, de que gozam os membros das sociedades mais desenvolvidas, e o tratamento da morte violenta como algo excepcional e criminoso não surgem da visão pessoal das pessoas envolvidas, mas de uma organização muito específica da sociedade — um monopólio relativamente eficaz da violência física. Tal monopólio não pode ser alcançado de um dia para outro; resulta de um longo e, em larga medida, não planejado desenvolvimento. Em sociedades desse tipo atingiu-se um ponto em que os dirigentes permitem o uso da violência apenas a grupos específicos controlados por eles. Em muitos casos somente eles — a polícia e as forças armadas — são autorizados a portar armas sem risco de punição e, mesmo, a usá-las em certas situações. Em termos gerais, foi só nos últimos duzentos ou trezentos anos que a organização dos Estados europeus e de seus descendentes atingiu o grau e padrão de monopólio efetivo no controle da violência que tornou possível o relativo domínio das paixões e a relativa exclusão da violência das relações humanas, hoje tida como assegurada nas sociedades mais desenvolvidas, e aos quais as relações humanas implícitas na produção e distribuição de bens devem seu caráter específico como relações econômicas. Pois onde a coerção direta por meio da violência física determina a produção e distribuição de bens, nas formas de rapina, guerra e escravidão, esses processos não têm realmente o caráter propriamente econômico; são dificilmente calculáveis e lhes faltam as regularidades recorrentes e quantificáveis, fundamento da ciência da economia, e inerentes à "economia" não violenta como esfera especial da sociedade.

Em sociedades que carecem de tais instituições altamente especializadas de monopólio da violência física, e particularmente em sociedades guerreiras, ataques físicos de pessoas umas contra as outras pessoas são um aspecto muito mais normal da vida social. Se não todos, pelo menos os membros do estrato mais alto nessas sociedades portam armas como apêndice indispensável em sua interação com os outros. Pessoas fisicamente fracas ou incapacitadas, velhos, mulheres e crianças permanecem em geral confinados à casa ou ao castelo, vilarejo ou quarteirão urbano habitado por seu próprio povo; só podem aventurar-se fora com proteção especial.

O desenvolvimento da estrutura da personalidade toma, nessas sociedades, uma direção diferente daquele das sociedades industriais altamente organizadas. A prontidão para o ataque e a defesa no combate físico, pelo menos entre os homens, é maior, a expectativa de morte em confronto sangrento com outros está constantemente presente, a expectativa de morrer pacificamente na cama é excepcional. Aqui também vemos em que medida estruturas de personalidade e concepções a elas relacionadas, inclusive a imagem da morte, concepções que em nossa própria sociedade tendemos a tomar como certas e talvez a imaginar como características humanas universais, são na realidade influenciadas por peculiaridades da estrutura social que se cristalizaram gradualmente no curso de um longo processo social.

De todo modo, mesmo em sociedades que estão internamente pacificadas, a expectativa de morrer na cama é mais enganosa do que parece à primeira vista. Afora os números bastante elevados de acidentes e homicídios, conflitos grupais que tendem à solução violenta aumentam em nossos dias, conflitos cujos participantes acreditam que só podem ser resolvidos pela morte de seus inimigos e pelo sacrifício dos membros do próprio grupo, e que são em geral planejados, mesmo em tempos de paz, como lutas violentas de vida e morte.

Entre os problemas de nossa época que talvez mereçam maior atenção, portanto, figura o da transformação psicológica sofrida por pessoas que fazem a transição de uma situação em que o assassinato de outras pessoas é estritamente proibido e rigorosamente punido para uma situação em que a morte dos outros, seja pelo Estado, pelo partido ou outro grupo, não só é socialmente permitida como explicitamente demandada.

Se falamos de um processo civilizador em cujo decorrer os moribundos e a morte são resolutamente banidos para os bastidores da vida social e cercados por sentimentos relativamente intensos de constrangimento e tabus verbais relativamente rígidos, devemos qualificar a afirmação acrescentando que as experiências das duas grandes guerras europeias, e talvez ainda mais a dos campos de concentração, mostram a fragilidade da consciência que proíbe matar e por isso insiste na segregação dos moribundos e dos mortos, tanto quanto possível, da vida social normal. Os mecanismos de autocoerção envolvidos na repressão da morte em nossas sociedades claramente se desintegram de modo relativamente rápido quando o mecanismo externo de coerção imposto pelo Estado — ou por seitas ou grupos de combate —, fundado em doutrinas e crenças coletivas respeitadas, muda violentamente de rota e ordena matar outras pessoas. Nas duas guerras mundiais, a sensibilidade em relação a matar, em relação aos moribundos e à morte se evaporou rapidamente para a maioria das pessoas. Como a equipe dos campos de concentração se ajustou psicologicamente aos assassinatos em massa diários é uma questão aberta que mereceria investigação cuidadosa. Essa questão é muitas vezes obscurecida pela questão de quem é o culpado por tais acontecimentos. Mas, para a prática social, e com o propósito de evitar tais acontecimentos, a primeira questão, mais factual, é de importância capital. A resposta estereotipada "Eu obedecia ordens" mostra em que medida a estrutura da consciência individual ainda dependia do mecanismo externo de coerção do Estado.

## 14

A quarta característica específica das sociedades desenvolvidas que merece menção como precondição da peculiaridade de sua imagem da morte é o alto grau e padrão específico de individualização. A imagem da morte na memória de uma pessoa está muito próxima de sua imagem de si mesma e dos seres humanos prevalecente em sua sociedade. Em sociedades mais desenvolvidas as pessoas em geral se veem como seres individuais fundamentalmente independentes, como mônadas sem janelas, como "sujeitos" isolados, em relação aos quais o mundo inteiro, incluindo todas as outras pessoas, representa o "mundo externo". Seu "mundo interno", aparentemente, é separado desse "mundo externo", e portanto das outras pessoas, como que por um muro invisível.

Esse modo específico de experimentar a si mesmo, a autoimagem do *homo clausus* característica de um estágio recente da civilização, está intimamente ligado a um modo igualmente específico de experimentar, como antecipação de nossa própria morte e provavelmente na situação real, nosso próprio ato de morrer. Mas a pesquisa sobre a morte — por razões que não são independentes da repressão social — ainda está num estado incipiente. Há ainda muito a fazer para uma melhor compreensão da experiência e das necessidades dos moribundos e da conexão entre tal experiência e tais necessidades, de um lado, e o modo de vida e autoimagem, de outro. De forma velada, com a ajuda de conceitos como "mistério" e "nada", escritos existencialistas às vezes projetam uma imagem quase solipsista de um ser humano em agonia. O mesmo pode ser dito do "teatro do absurdo". Seus expoentes também partem implicitamente — e às vezes explicitamente — da suposição de que a vida de uma pessoa, como a veem — isto é, a vida de um ser fundamentalmente isolado e hermeticamente segregado do mundo —, deve ter um sentido, e talvez mesmo um sentido predeterminado, apenas em si mesma e para si mesma. Sua busca pelo sentido é uma busca pelo sentido de uma pessoa individual em isolamento. Quando deixam de encontrar essa espécie de sentido, a existência humana lhes parece sem sentido; sentem-se desiludidos; e o vazio de sentido assim estabelecido para a vida humana geralmente encontra a seus olhos sua expressão suprema na constatação de que cada ser humano deve morrer.

É fácil compreender que uma pessoa que acredite viver como um ser sem sentido morra da mesma forma. Mas essa compreensão do conceito de sentido é tão enganadora quanto a imagem do ser humano a que corresponde. A categoria do "sentido" também é aqui marcada pela imagem do *homo clausus*. O fato peculiar de que, pela mediação da linguagem, dados de todos os tipos, inclusive nossa própria vida, podem ter sentido para as pessoas foi durante um bom tempo objeto de copiosas reflexões filosóficas. Mas, com poucas exceções, essas meditações tentam obter acesso ao problema do sentido postulando como "sujeito" deste — à maneira tradicionalmente filosófica — um indivíduo humano num vácuo, uma mônada isolada, um "eu" enclausurado, e então talvez, num nível mais alto de generalidade, *o* ser humano isolado ou, se for o caso, a consciência como um universal. De maneira expressa ou não, espera-se então que cada pessoa por si mesma, precisamente como mônada isolada, deva ter um sentido, e a falta de sentido da existência humana é lamentada quando ele não é descoberto.

Mas o conceito de sentido não pode ser compreendido por referência a um ser humano isolado ou a um universal derivado dele. O que chamamos de "sentido" é constituído por pessoas em grupos mutuamente dependentes de uma forma ou de outra, e que podem comunicar-se entre si. O "sentido" é uma categoria social; o sujeito que lhe corresponde é uma pluralidade de pessoas interconectadas. Em suas relações, sinais que trocam entre si — que podem ser diferentes para cada grupo — assumem um sentido, um sentido comunal, para começar.

Grupos humanos que falam uma língua comum podem servir como modelo básico, ponto de partida para qualquer discussão sobre problemas de sentido. A comunicação por meio de línguas é uma característica exclusivamente humana, tanto quanto a exigência de sentido. Nenhuma outra coisa viva se comunica dessa maneira; nenhuma outra atribui sentidos aprendidos e específicos do grupo a padrões sensoriais igualmente aprendidos e também específicos do grupo, utilizados como meios de comunicação dominantes. Em todos os outros casos, sinais não aprendidos e específicos da espécie dominam a comunicação. Certamente, entre os humanos, padrões sonoros produzidos por uma pessoa podem ter um "sentido" para as outras. Mas só têm um sentido se — e porque — o emissor e o receptor aprenderam a associar aos conjuntos específicos de padrões sonoros as mesmas imagens mnemônicas, ou, em outras palavras, o mesmo sentido. Nesta forma, a mais elementar, de "sentido", seu caráter social se mostra claramente. Assim, uma pessoa de língua inglesa pode esperar que, ao emitir o padrão sonoro "Que horas são?", outra pessoa de língua inglesa associará a esse padrão sonoro à mesma imagem mnemônica que o emissor e responderá com um apropriado padrão sonoro, portador de imagens, como "Precisamente quatro e quinze". Emitido nas ruas de Paris, o padrão sonoro "Que horas são?" em inglês pode não obter resposta alguma ou provocar um olhar de estranhamento. Os sons careceriam de sentido num contexto social diferente. Todo ser humano se torna vinculado aos outros desde a mais tenra idade aprendendo a usar, como meio de emitir e receber mensagens, um código de símbolos específicos do grupo, ou, em outras palavras, uma língua.

Cada pessoa pode — dentro de certos limites — variá-lo individualmente; mas se for longe demais acaba por se privar — no presente ou no futuro — da comunicabilidade do conhecimento e também de seu sentido.

O sentido das palavras e o da vida de uma pessoa têm em comum o fato de que o sentido associado a elas por essa pessoa não pode ser separado do associado a elas por outras. A tentativa de descobrir na vida de alguém um sentido independente do que essa vida significa para as outras pessoas é inútil. Na práxis da vida social a conexão entre os sentimentos de uma pessoa e a consciência de que eles são significativos para outros seres humanos, e de que os outros são significativos para essa vida, é fácil de descobrir. Nesse plano, normalmente compreendemos sem dificuldade que expressões como "significativo" e "insignificante", referidas a uma vida humana, estão intimamente ligadas ao que significa para os outros o que essa pessoa é ou faz. Mas, nas reflexões que a pessoa faz sobre si mesma, essa compreensão desaparece com facilidade. Aí, o sentimento amplamente difundido nas sociedades mais desenvolvidas com seus membros altamente individualizados — de que cada um existe apenas para si mesmo, independente de outros seres humanos e de todo o "mundo externo" — em geral acaba prevalecendo, e com ele a ideia de que uma pessoa deve ter um sentido exclusivamente seu. O modo tradicional de filosofar que vem junto com esse modo de pensar, e é ao mesmo tempo uma de suas principais manifestações, muitas vezes obstrui a inclusão daquilo que é imediatamente evidente na prática — a participação da pessoa num mundo de outras pessoas e "objetos" em reflexões de nível mais alto.

Todo ser humano vive de plantas e animais "externos", respira ar "externo" e tem olhos para luzes e cores "externas". Nasce de pais "externos" e ama ou odeia, faz amigos ou inimigos de pessoas "externas". No nível da práxis social as pessoas sabem disso. Numa reflexão mais distanciada essa experiência é muitas vezes recalcada. Membros de sociedades complexas então têm frequentemente a experiência de si mesmos como seres cujo "*self* íntimo" é totalmente separado do "mundo externo". Uma poderosa tradição filosófica parece ter legitimado essa dicotomia ilusória. Discussões sobre o sentido foram profundamente afetadas por isso. O "sentido" é em geral tratado como mensageiro do "mundo íntimo" de um indivíduo enclausurado.

O resultado, a distorcida autoimagem de uma pessoa como ser totalmente autônomo, pode refletir sentimentos muito reais de solidão e isolamento emocional. Tendências desse tipo são bastante características da estrutura de personalidade específica das pessoas de nossa época em sociedades altamente desenvolvidas e do tipo particular de individualização que nelas prevalece. O permanente autocontrole, nesse caso, está muitas vezes tão firmemente embutido nas pessoas que crescem nessas sociedades que é experimentado como uma muralha realmente existente, que bloqueia o afeto e outros impulsos espontâneos na direção de outras pessoas e coisas, afastando-as como consequência.

Até aqui, o problema da solidão dos moribundos foi considerado acima de tudo em relação às atitudes dos vivos. Mas isso precisa ser complementado. Nessas sociedades, compreensivelmente, tendências a sentimentos de solidão e isolamento muitas vezes fazem parte da estrutura da personalidade dos próprios moribundos. Sempre há, é claro, diferenças relacionados a classe, sexo e geração. Pode-se supor que essas tendências são particularmente desenvolvidas em círculos acadêmicos, mais geralmente nas classes médias que nas classes operárias, talvez mais entre os homens do que entre as mulheres. Mas isso é, por ora, mera adivinhação, que tem por objetivo chamar a atenção para problemas que raramente são tocados e dizer que não foram esquecidos.

De todo modo, nessas sociedades uniformemente pacificadas em que a vida comunitária demanda um controle completo e uniforme de todos os impulsos instintivos vulcânicos, um arrefecimento permanente das emoções violentas, há certas características comuns da estrutura da personalidade que transcendem a classe e outras diferenças de grupo. E elas emergem claramente apenas pela comparação com sociedades em diferente estágio de civilização. Essas características comuns incluem o alto grau de individualização, a ampla e constante contenção de todos os impulsos instintivos e emocionais fortes e uma tendência ao isolamento, que se dão paralelamente a essas estruturas da personalidade até agora.

Essa tendência também pode ser percebida nos moribundos. Podem resignar-se a ela ou, precisamente porque estão para morrer, tentar uma última oportunidade de transpor a muralha. Como quer que seja, necessitam mais que nunca da sensação de que não deixaram de ter sentido para outras pessoas — dentro de certos limites: a excessiva expressão de simpatia pode ser tão intolerável para eles como a falta dessa expressão. Seria incorreto falar de rejeição e reserva, induzidas pela civilização, dos vivos em relação aos moribundos em sociedades como a nossa sem indicar ao mesmo tempo o possível embaraço e reserva dos próprios moribundos em relação aos vivos.

## 15

A natureza especial da morte e de sua experiência em sociedades avançadas não pode ser entendida de maneira apropriada sem referência ao poderoso impulso à individualização que se estabeleceu com o Renascimento e que, com muitas flutuações, continua até hoje. Nas fases iniciais encontra expressão na ideia do contraste entre a vida sociável e a morte solitária — por exemplo, nas linhas de Opitz:

Tenho pouco para legar  
Mas tenho um nobre vinho;

Alegrarei meus amigos
Ainda que morra sozinho.[10]

Esse "sozinho", a ideia de que se pode estar alegre com os outros mas se deve morrer só, pode parecer tão autoevidente hoje que nos inclinamos a ver nele uma experiência de todas as pessoas em todos os tempos e lugares. Mas essa ideia não é encontrada em todos os estágios do desenvolvimento humano. É muito menos universal que as tentativas das pessoas de encontrarem uma explicação de por que devem morrer. E desempenha um papel importante na mais antiga versão do épico sumério de Gilgamesh que possuímos, datado do começo do segundo século antes de Cristo. Por contraste, a ideia de ter que morrer só é característica de um estágio comparativamente tardio da individualização e da autoconsciência.

Esse "sozinho" aponta para um complexo de sentidos inter-relacionados. Pode referir-se à expectativa de que não é possível compartilhar o processo de morrer com ninguém. Pode expressar o sentimento de que com nossa morte o pequeno mundo de nossa própria pessoa, com suas memórias exclusivas e sentimentos e experiências só conhecidos por nós mesmos, com seus próprios conhecimento e sonhos, desaparecerá para sempre. Pode referir-se ao sentimento de que, ao morrer, somos deixados sós por todas as pessoas a que nos sentimos ligados.

10 Martin Opitz, *Weltliche Poemata 1644*. Oden oder Gesänge XVIII.

Como quer que seja visto, esse motivo do morrer isolado ocorre mais frequentemente no período moderno que em qualquer anterior. É uma das formas recorrentes da experiência das pessoas num período em que a autoimagem de alguém como um ser totalmente autônomo, não apenas diferente de todos os outros, mas separado deles, existindo inteiramente independente deles, torna-se cada vez mais marcada. A ênfase especial assumida no período moderno pela ideia de que se morre em isolamento equivale à ênfase, nesse período, do sentimento de que se vive só. Sob esse ponto de vista também a imagem de nossa própria morte está intimamente ligada à imagem de nós mesmos, de nossa própria vida, e da natureza dessa vida.

Numa novela curta e não muito transparente, *O senhor e o homem*, Tolstoi contrasta a morte de um comerciante de origem camponesa com a de seu empregado camponês. O comerciante venceu na vida — por sua energia, sua atividade constante, sempre em busca de bons negócios, sempre em conflito com concorrentes que queriam derrubá-lo. Nikita, o empregado, que ele sustenta e a quem vez ou outra trapaceia no pagamento do salário, obedece às suas ordens. Aceita o bem e o mal como se apresentam, pois não tem escolha. Para ele não há como deixar essa vida, não há escapatória — exceto a vodca. Às vezes fica bêbado de cair. Torna-se então selvagem e perigoso. Sóbrio, é paciente, obediente, amigável e devotado a seu senhor. Viajam juntos numa nevasca com um cavalo forte puxando o trenó. Um negócio, a compra de madeira para não deixar que um concorrente a adquira, aguarda o comerciante num vilarejo não muito distante. A neve fica mais pesada durante a jornada. Perdem a trilha e finalmente, durante a noite, atolam numa ravina e são lentamente engolidos pela neve. Conseguem erguer, como é habitual, uma espécie de bandeira numa vara comprida para que possam ser socorridos no dia seguinte. Quase até o fim, o comerciante continua ativo o quanto pode. Sonha com tudo o que alcançou, e com o que ainda tem pela frente, levanta-se quando percebe que o empregado está morrendo congelado, deita-se sobre ele com seu grosso casaco de pele para mantê-lo aquecido, cai lentamente no sono e congela até morrer. Nikita, seu empregado camponês, entrega-se à morte pacientemente e sem resistir:

> A ideia da morte, a qual provavelmente o levaria nesta mesma noite, cresceu dentro dele, mas não tinha nada de dolorosa ou terrível. Isso porque ele tivera muito poucos dias felizes e de festa em sua vida, mas muitas semanas amargas, e estava cansado do trabalho incessante.

Tolstoi descreve a habitual subserviência do trabalhador a seu senhor terreno — devoção só superada pela do leal cavalo — e, assim, também ao Senhor no Céu. Tenta, portanto, deixar bem-explicitada a conexão entre a maneira como uma pessoa vive e a maneira como morre.[11]

---

11 Para complementar o que diz Ariès da serenidade do camponês russo moribundo como aparece na literatura, essa citação pode ser interessante. Mostra muito claramente a conexão entre o modo de viver e o modo de morrer, que Ariès até certo ponto negligencia.

Para o senhor, o comerciante lutando para vencer, a vida, e portanto a sobrevivência, tem alto grau de sentido e de valor. Ele continua ativo e tenta manter seu empregado e ajudante vivo, até que o frio o derrota. O empregado, a quem a vida custa muito trabalho, esforço e opressão, mas raramente supõe uma tarefa ou objetivo próprios, sonha pacientemente com a morte, e só escapa dela — como quer Tolstoi — pela proteção do corpo e do casaco quente de seu senhor.

O modo como uma pessoa morre depende em boa medida de que ela tenha sido capaz de formular objetivos e alcançá-los, de imaginar tarefas e realizá-las. Depende do quanto a pessoa sente que sua vida foi realizada e significativa — ou frustrada e sem sentido. As razões desses sentimentos nem sempre são claras — essa também é uma área ainda aberta à pesquisa. Mas quaisquer que sejam as razões, podemos talvez supor que morrer é mais fácil para aqueles que acreditam terem feito a sua parte, mais difícil para os que sentem terem fracassado na busca de seus objetivos, e especialmente difícil para aqueles que, por mais que sua vida possa ter sido bem-sucedida, sentem que sua maneira de morrer é em si mesma sem sentido.

Morte significativa, morrer sem sentido — esses conceitos também abrem a porta para problemas que, pode-se imaginar, recebem muito pouca consideração pública. Em certa medida, isso bem pode ser porque são facilmente confundidos com outro problema, quase idêntico na formulação, mas totalmente diferente no sentido. Se queremos dizer que alguém se ocupa de algo totalmente inútil, podemos dizer por exemplo que ele ou ela está refletindo sobre o sentido da vida. A inutilidade nesse caso deriva do fato de que se está procurando um sentido metafísico para a vida humana, um sentido que é, por assim dizer, ditado para o indivíduo, seja por poderes supra-humanos, seja pela natureza. Mas tal sentido metafísico pode, na melhor das hipóteses, ser objeto de especulação filosófica; podemos dar rédeas soltas a nossos desejos e fantasias na busca desse tipo de sentido — as respostas não poderão ser mais que invenções arbitrárias. Seu conteúdo não pode ser nem comprovado nem rejeitado.

Mas o sentido em discussão aqui é de espécie diferente. As pessoas experimentam os eventos que lhes acontecem como sendo significativos ou não, como tendo ou não sentido. É esse sentido experimentado que está em questão. Se um homem de trinta anos, pai de duas crianças pequenas e casado com uma mulher que ama e que também o ama, envolve-se num acidente de estrada com um motorista que vinha na contramão e morre, dizemos que é uma morte sem sentido. Não porque o morto tenha deixado irrealizado um sentido extra-humano, mas porque uma vida que não tinha qualquer relação com a da família afetada, a vida do outro motorista, de um só golpe, como que vindo de fora e por acaso, destruiu a vida, os objetivos e planos, os sentimentos firmemente enraizados de um ser humano, e, portanto, algo que tinha todo o sentido para essa família. Não foram destruídas só as expectativas, esperanças e alegrias do morto, mas também as dos sobreviventes, sua mulher e filhos. Para as pessoas que constituíam essa família, tal arranjo social, tal grupo humano, tinha uma função investida de valores altamente positivos. Se alguma coisa tem tal função para a vida de alguém e um acontecimento a reforça, dizemos que tem sentido para essa pessoa. Inversamente, quando alguma coisa tem tal função para uma pessoa ou um grupo e deixa de existir, torna-se irrealizável ou é destruída, falamos de uma perda de sentido.

O pouco que foi possível dizer sobre a natureza do sentido e, portanto, sobre o "sentido de uma vida", pode não ser inteiramente destituído de valor para entender um problema específico dos moribundos. A realização do sentido para um indivíduo, como vimos, está intimamente relacionada ao significado que se adquire, ao longo da vida, para as outras pessoas, seja através de sua própria pessoa, de seu comportamento ou de seu trabalho. Hoje as pessoas tentam ajudar os moribundos acima de tudo aliviando sua dor e cuidando na medida do possível de seu conforto físico. Com esses esforços, mostram que não deixaram de respeitá-los enquanto seres humanos. Mas em hospitais atarefados, isso muitas vezes acontece, e compreensivelmente, de modo um tanto mecânico e impessoal. Mesmo as famílias às vezes ficam sem as palavras certas nessa situação pouco familiar de tentar ajudar um moribundo. Nem sempre é fácil mostrar aos que estão para morrer que eles não perderam seu significado para os outros.

Se isso acontece, se uma pessoa sentir quando está morrendo que, embora ainda viva, deixou de ter significado para os outros, essa pessoa está verdadeiramente só. É precisamente dessa forma de solidão que há exemplos de sobra em nossos dias, alguns corriqueiros, outros extraordinários e extremos. O conceito de solidão tem um amplo espectro. Pode referir-se a pessoas cujo desejo de amor em relação aos outros foi muito cedo tão ferido e perturbado que mais tarde dificilmente podem reviver a experiência sem sentir os golpes anteriormente recebidos, sem sentir a dor a que esse desejo as expôs em outros tempos. Involuntariamente, pessoas assim afetadas ocultam seus sentimentos em relação aos outros. É uma forma de solidão. Outra forma de solidão, que é social no sentido mais estrito, ocorre quando as pessoas vivem num lugar ou têm uma posição que não lhes permite encontrar outras pessoas da espécie que sentem precisar. Neste, e em muitos casos afins, o conceito de solidão refere-se a uma pessoa que por essa ou aquela razão é deixada só. Tais pessoas podem viver entre as outras, mas não têm significado afetivo para elas.

Isso, porém, não é tudo. O conceito de solidão inclui também uma pessoa em meio a muitas outras para as quais não tem significado, para as quais não faz diferença sua existência, e que romperam qualquer laço de sentimentos com ela. Pertencem a esse grupo alguns pedintes e os bêbados que sentam nas soleiras e nem são percebidos pelos passantes. As prisões e câmaras de tortura dos ditadores são exemplos dessa espécie de solidão. O caminho para as câmaras de gás é outro. Ali, crianças e mulheres, jovens e velhos, eram levados nus para sua morte por outros que se haviam livrado de todo sentimento de identidade e simpatia. Como, além disso, os que eram levados para a morte eram reunidos ao acaso e eram desconhecidos entre si, cada um deles, em meio a várias pessoas, estava sozinho e solitário no mais alto grau.

Esse exemplo extremo pode nos mostrar quão fundamental e incomparável é o significado das pessoas para as outras. Também dá uma indicação do que significa para os moribundos se sentirem — ainda em vida — excluídos da comunidade dos viventes.

## 16

A morte não é terrível. Passa-se ao sono e o mundo desaparece — se tudo correr bem. Terrível pode ser a dor dos moribundos, terrível também a perda sofrida pelos vivos quando morre uma pessoa amada. Não há cura conhecida. Somos parte uns dos outros. Fantasias individuais e coletivas em torno da morte são frequentemente assustadoras. Como resultado, muitas pessoas, especialmente ao envelhecerem, vivem secreta ou abertamente em constante terror da morte. O sofrimento causado por essas fantasias e pelo medo da morte que engendram pode ser tão intenso quanto a dor física de um corpo em deterioração. Aplacar esses terrores, opor-lhes a simples realidade de uma vida finita, é uma tarefa que ainda temos pela frente. É terrível quando pessoas morrem jovens, antes que tenham sido capazes de dar um sentido às suas vidas e de experimentar suas alegrias. É também terrível quando homens, mulheres e crianças erram famintas pela terra estéril onde a morte não tem pressa. Há muitos terrores que cercam a morte. O que as pessoas podem fazer para assegurar umas às outras maneiras fáceis e pacíficas de morrer ainda está por ser descoberto. A amizade dos que continuam vivendo e o sentimento dos moribundos de que não causam embaraço aos vivos são certamente um meio. E o constrangimento social, o véu de desconforto que frequentemente cerca a esfera da morte em nossos dias é de pouca ajuda. Talvez devêssemos falar mais aberta e claramente sobre a morte, mesmo que seja deixando de apresentá-la como um mistério. A morte não tem segredos. Não abre portas. É o fim de uma pessoa. O que sobrevive é o que ela ou ele deram às outras pessoas, o que permanece nas memórias alheias. Se a humanidade desaparecer, tudo o que qualquer ser humano tenha feito, tudo aquilo pelo qual as pessoas viveram e lutaram, incluídos todos os sistemas de crenças seculares e sobrenaturais, torna-se sem sentido.

# Envelhecer e Morrer: Alguns Problemas Sociológicos

## 1

Uma experiência de juventude assumiu certa significação para mim agora que sou mais velho. Assisti a uma conferência de um físico muito conhecido em Cambridge. Ele entrou devagar, arrastando os pés, um homem muito velho. Eu me surpreendi pensando: "Por que ele arrasta os pés assim? Por que não pode caminhar como um ser humano normal?" Na hora, me corrigi: "Não pode evitar, é muito velho."

Minha espontânea reação juvenil à visão de um velho é típica da espécie de sentimentos que a visão dos velhos suscita hoje, e talvez ainda mais em tempos passados, em pessoas saudáveis nos grupos de "idade normal". Elas sabem que os velhos, mesmo quando saudáveis, muitas vezes têm dificuldade em mover-se da mesma maneira que pessoas saudáveis de outra faixa etária, exceto as crianças pequenas. Sabem disso, mas de maneira remota. Não podem imaginar a situação em que suas próprias pernas e tronco deixam de obedecer à sua vontade, como seria normal.

Uso deliberadamente a palavra "normal". Que as pessoas se tornem diferentes quando envelhecem é muitas vezes visto, embora involuntariamente, como um desvio da norma social. Os outros, os grupos de "idade normal", muitas vezes têm dificuldade em se colocar no lugar dos mais velhos na experiência de envelhecer — o que é compreensível. Pois a maioria das pessoas mais jovens não tem base de experiência própria para imaginar o que ocorre quando o tecido muscular endurece gradualmente, ficando às vezes flácido, quando as juntas enrijecem e a renovação das células se torna mais lenta. Os processos fisiológicos são bem conhecidos pela ciência e parcialmente compreendidos. Há extensa literatura sobre o tema. Muito menos compreendida, e menos abordada na literatura, é a própria experiência do envelhecimento. É um tópico pouco discutido. Não deixa de ser importante para o tratamento dos velhos por aqueles que não o são — ou ainda não o são —, e não apenas para o tratamento médico, ter uma compreensão maior e mais detalhada da experiência do envelhecimento, e também da morte. Mas claramente, como já disse, há dificuldades especiais que impedem a empatia. Não é fácil imaginar que nosso próprio corpo, tão cheio de frescor e muitas vezes de sensações agradáveis, pode ficar vagaroso, cansado e desajeitado. Não podemos imaginá-lo e, no fundo, não o queremos. Dito de outra maneira, a identificação com os velhos e com os moribundos compreensivelmente coloca dificuldades especiais para as pessoas de outras faixas etárias. Consciente ou inconscientemente, elas resistem à ideia de seu próprio envelhecimento e morte tanto quanto possível.

Essa resistência, esse processo de recalcamento, é, por razões às quais retornarei, provavelmente mais evidente nas sociedades desenvolvidas que nas menos desenvolvidas. Agora que estou velho sei, por assim dizer, pelo outro lado, quão difícil é para as pessoas jovens ou de meia-idade entender a situação e a experiência dos velhos. Muitos de meus conhecidos me dizem palavras gentis como: "Impressionante! Como você consegue se manter saudável? Na sua idade!" ou "Você *ainda* nada? Que maravilha!" Sinto-me um equilibrista, familiarizado com os riscos de seu modo de vida e razoavelmente certo de que alcançará a escada na outra ponta da corda, voltando ao chão tranquilamente a seu devido tempo. Mas as pessoas que assistem a isso de baixo sabem que ele pode cair a qualquer momento e o contemplam excitadas e um tanto assustadas.

Lembro outra experiência que pode servir como exemplo da não identificação dos mais jovens com os velhos. Era professor visitante numa universidade alemã e fui convidado para jantar por um colega que estava no auge de sua vida. Serviu-me um aperitivo antes do jantar e me convidou a sentar numa moderna poltrona de lona, muito baixa. Sua mulher nos chamou para a mesa. Levantei, e ele me lançou um olhar de surpresa, talvez um tanto decepcionado: "Puxa, você está em muito boa forma", disse. "Não faz muito tempo, o velho Plessner jantou conosco. Sentou na poltrona baixa como você, mas não conseguiu se levantar, por mais esforço que fizesse. Você precisava ver. No fim, tivemos que ajudá-lo." E ria que ria:

"Hahahaha! Não conseguia levantar!" Meu anfitrião se sacudia de rir. Evidentemente, também nesse caso, a identificação entre os não velhos e os velhos causava dificuldades.

A sensação "talvez eu fique velho um dia" pode estar inteiramente ausente. Tudo o que sobra é o gozo espontâneo de nossa própria superioridade, e do poder dos jovens em relação aos velhos. A crueldade que se expressa na zombaria dos velhos desvalidos, e também da feiúra de alguns velhos e velhas, era provavelmente maior antigamente do que hoje. Mas decerto não desapareceu. Está intimamente relacionada a uma mudança muito característica nas relações interpessoais, que tem lugar quando as pessoas envelhecem ou estão no leito de morte: quando envelhecem ficam potencial ou realmente menos fortes em relação aos mais jovens. Ficam visivelmente mais dependentes dos outros. A maneira como as pessoas dão conta, quando envelhecem, de sua maior dependência dos outros, da diminuição de sua força potencial, difere amplamente de uma para outra. Depende de todo o curso de suas vidas e, portanto, da estrutura de sua personalidade. Mas talvez seja útil lembrar que algumas das coisas que os velhos fazem, em particular as coisas estranhas, estão relacionadas a seu medo de perder a força e a independência, e especialmente de perder o controle de si mesmos.

Uma das formas de adaptação a essa situação é a regressão ao comportamento infantil. Não tentarei decidir se isso é simplesmente um sintoma de degeneração física ou uma fuga inconsciente da crescente fragilidade desses idosos em direção aos padrões de comportamento da primeira infância. De todo modo, também representa uma adaptação a uma situação de dependência total que tem seu sofrimento, mas também suas vantagens. Há pessoas em muitos asilos hoje que têm que ser alimentadas, postas no vaso sanitário e limpas como crianças pequenas. Também enfrentam o poder como crianças. Uma enfermeira noturna que os trata um pouco bruscamente pode ser chamada de hora em hora durante a noite inteira. Este é apenas um dos muitos exemplos de como a experiência das pessoas que envelhecem não pode ser entendida *a menos que percebamos que o processo de envelhecer produz uma mudança fundamental na posição de uma pessoa na sociedade, e, portanto, em todas as suas relações com os outros*. O poder e o status das pessoas mudam, rápida ou lentamente, mais cedo ou mais tarde, quando elas chegam aos sessenta, aos setenta, oitenta ou noventa anos.

## 2

O mesmo vale para o aspecto afetivo das relações das pessoas que envelhecem e, especialmente, das que estão prestes a morrer com os outros. Meu tema e o tempo disponível me obrigam a limitar-me a um aspecto dessa mudança, o isolamento dos que envelhecem e dos moribundos que frequentemente ocorre em nossa sociedade.

Como disse de início, ocupo-me não com o diagnóstico dos sintomas físicos do envelhecimento e da morte — que às vezes, de maneira pouco apropriada, são chamados de sintomas objetivos —, mas em examinar o que as pessoas que envelhecem e as moribundas experimentam "subjetivamente". Quero complementar o diagnóstico médico tradicional com um diagnóstico sociológico, centrado no perigo do isolamento a que os velhos e moribundos estão expostos.

Podemos notar a esse respeito a marcada diferença entre a posição dos que envelhecem e dos moribundos nas sociedades industriais de hoje e nas pré-industriais, isto é, nas sociedades medievais ou do início da industrialização. Nas sociedades pré-industriais, em que a maioria da população vive em vilarejos e se ocupa do cultivo da terra e da criação de gado, ou seja, em que camponeses e lavradores formam o maior grupo ocupacional, quem lida com os que vão envelhecendo e com os moribundos é a família. Isso pode ser feito de maneira amável ou brutal, mas há também características estruturais que distinguem o envelhecimento e a morte nessas sociedades dos mesmos fenômenos nas sociedades industriais mais avançadas. Atenho-me a duas dessas diferenças. Os velhos que vão ficando fisicamente mais fracos em geral permanecem dentro do espaço de vida da família, ainda que às vezes após um enfrentamento com os membros mais jovens, e em geral também morrem dentro desse espaço. Por isso mesmo, tudo o que diz respeito ao envelhecimento e à morte acontece muito mais publicamente que nas sociedades industriais altamente urbanizadas, sendo ambos os processos formalizados por tradições sociais específicas. O fato de que tudo ocorre de modo mais público dentro do domínio da família extensa, em alguns casos incluindo os vizinhos, não significa necessariamente que as pessoas que envelhecem e os moribundos apenas experimentam um tratamento amável. Não é incomum que a geração mais jovem, ao chegar ao comando, trate mal a mais velha, às vezes até com crueldade. Não faz parte das tarefas do Estado imiscuir-se nesses assuntos.

Hoje, nas sociedades industrializadas o Estado protege o idoso ou o moribundo, como qualquer outro cidadão, da violência física óbvia. Mas ao mesmo tempo as pessoas, quando envelhecem e ficam mais fracas, são mais e mais isoladas da sociedade e, portanto, do círculo da família e dos conhecidos. Há um número crescente de instituições em que apenas pessoas velhas que não se conheceram na juventude vivem juntas. Mesmo com o alto grau de individualização que prevalece, a maioria das pessoas em nossa sociedade forma, antes da aposentadoria, laços afetivos não só com a família, mas com um círculo maior ou menor de amigos e conhecidos. O envelhecimento geralmente é acompanhado pelo esgarçamento desses laços que ultrapassam o círculo familiar mais estreito. Exceto quando se trata de casais velhos, a admissão em um asilo normalmente significa não só a ruptura definitiva dos velhos laços afetivos, mas também a vida comunitária com pessoas com quem o idoso nunca teve relações afetivas. O atendimento físico dos médicos e o pessoal de enfermagem podem ser excelentes. Mas ao mesmo tempo a separação dos idosos da vida normal e sua reunião com estranhos significa solidão para o indivíduo. Não estou pensando apenas nas necessidades sexuais, que podem ser muito ativas na extrema velhice, particularmente entre homens, mas também na proximidade emocional entre pessoas que gostam de estar juntas, que têm um certo envolvimento mútuo. Relações desse tipo em geral também diminuem com a transferência para um asilo e raramente encontram aí uma substituição. Muitos asilos são, portanto, desertos de solidão.

## 3

A natureza especial da morte nas sociedades industriais desenvolvidas, com o isolamento emocional como uma das características preeminentes, surge de modo particularmente claro se compararmos os procedimentos e atitudes relativos à morte nas sociedades em estágios mais avançados aos dos países menos desenvolvidos. Todos estamos familiarizados com pinturas de períodos anteriores, que retratam famílias inteiras — mulheres, homens e crianças — em torno do leito da matriarca ou do patriarca moribundo. Pode ser uma idealização romântica. Famílias nessa situação podem ter sido muitas vezes negligentes, brutais e frias. Quem sabe os ricos nem sempre morreram de maneira suficientemente rápida para seus herdeiros. Os pobres podem ter ficado estendidos sobre sua sujeira e passado fome. Pode-se dizer que antes do século XX, ou talvez do XIX, a maioria das pessoas morria na presença de outras apenas porque estavam menos acostumadas a viver e estar sós. Não havia muitos cômodos onde uma pessoa *pudesse* ficar só. Os moribundos e os mortos não eram tão flagrantemente isolados da vida comunitária como é geralmente o caso nas sociedades avançadas. As sociedades como tais eram mais pobres antigamente; não eram tão organizadas em termos de higiene como as sociedades posteriores. As grandes epidemias assolavam frequentemente os países europeus; pelo menos desde o século XIII, iam e vinham em geral diversas vezes em cada século até o século XX, quando as pessoas finalmente aprenderam a lidar com elas.

## 4

Geralmente é difícil para as pessoas de épocas recentes colocar-se no lugar de outras que viveram em períodos anteriores; assim, as pessoas de hoje não podem entender de maneira apropriada sua própria situação, ou a si mesmas. A situação é que simplesmente o estoque social de conhecimentos relativos à doenças e suas causas era, em sociedades antigas, a medieval, por exemplo, não só muito mais limitado, mas também muito menos seguro do que hoje. Quando as pessoas carecem de um conhecimento seguro da realidade, também ficam menos seguras; exaltam-se com maior facilidade, entram mais rapidamente em pânico; preenchem as lacunas de seu conhecimento realista com conhecimentos fantasiosos e buscam aplacar o medo de ameaças inexplicáveis por meios igualmente fantasiosos. Assim, as pessoas de outrora tentavam enfrentar as epidemias recorrentes por meio de amuletos, sacrifícios, acusações contra envenenadores, bruxas e sua própria natureza pecaminosa, como maneira de apaziguar seus sentidos alarmados.

Mesmo hoje pode acontecer de pessoas atingidas por uma doença incurável, ou que por outras razões se encontrem às portas da morte, escutarem uma voz interior sussurrando que é culpa de seus parentes ou punição por seus próprios pecados. Mas hoje tais fantasias privadas tendem a não se confundir com conhecimento público factual; são normalmente percebidas como fantasias privadas. O conhecimento das causas das doenças, do envelhecimento e da morte tornou-se mais seguro e abrangente. O controle das grandes epidemias fatais é apenas um dos muitos exemplos de como a expansão do conhecimento congruente com a realidade desempenhou um papel na mudança dos sentimentos e comportamentos humanos.

## 5

Talvez seja um tanto equivocado chamar esse recuo das explicações emotivas pela via da fantasia ou, para usar a fórmula emotiva de Max Weber, esse "desencantamento do mundo", de processo de racionalização. Como quer que o termo seja utilizado, ele sugere que o que mudou afinal foi a "razão" humana; parece implicar que as pessoas se tornaram mais "racionais" ou, em linguagem simples, mais sensatas que em tempos anteriores. É uma autovaloração que dificilmente faz jus aos fatos. Só se começa a entender a mudança referida pelo conceito de racionalização quando se reconhece que uma das mudanças por ele acarretadas é o aumento do conhecimento social orientado para os fatos, conhecimento capaz de conferir uma sensação de segurança. A expansão do conhecimento real e a correspondente retração do conhecimento fantasioso andam de mãos dadas com o aumento do controle efetivo dos acontecimentos que podem ser úteis às pessoas, ou dos perigos que podem ameaçá-las. A idade e a morte estão entre estes últimos. Encontramos uma situação curiosa ao tentar compreender o que o avanço do conhecimento mais realista nessas áreas significa em termos das possibilidades de seu controle pela humanidade.

O estoque de conhecimentos da sociedade em relação aos aspectos biológicos do envelhecimento e da morte aumentou muito nos dois últimos séculos. O próprio conhecimento nessas áreas se tornou mais bem-fundamentado e mais realista. E nossa capacidade de controle aumentou com o conhecimento. Mas nesse nível biológico parecemos nos aproximar de uma barreira intransponível quando tentamos estender ainda mais o controle humano sobre os processos de envelhecimento e morte.

O que nos faz lembrar que aqui e ali a capacidade dos seres humanos em relação ao universo natural tem seus limites.

O progresso no conhecimento biológico tornou possível elevar consideravelmente a expectativa de vida do indivíduo. Mas por mais que tentemos, com o auxílio do progresso médico e a capacidade crescente de prolongar a vida do indivíduo e aliviar as dores do envelhecimento e da agonia, a morte é um dos fatos que indica que o controle humano sobre a natureza tem limites. Sem dúvida a abrangência desse controle é em muitas áreas extremamente grande. O que não significa que não existam limites ao que é realizável pelos seres humanos em relação aos fatos da natureza.

Tanto quanto se pode ver, isso não se aplica ao plano social da vida humana. Aqui, não há limites absolutos ao que pode ser feito, e é pouco provável que sejam encontrados. Mas, ao ampliar a esfera de seu conhecimento e controle, as pessoas certamente encontram obstáculos difíceis, barreiras que podem atrasá-las por séculos ou mesmo milênios, embora não sejam invencíveis pelo controle humano. Barreiras absolutas existem nos níveis pré-humanos do cosmo, que chamamos de "Natureza"; mas nos níveis sociais humanos, referidos por palavras como "sociedade" e "indivíduo", existem apenas na medida em que também contêm e fazem parte dos níveis da natureza.

Mencionarei de passagem duas das barreiras que oferecem atualmente sérios obstáculos à orientação humana e ao controle das pessoas sobre seus próprios afazeres, embora não sejam de maneira nenhuma intransponíveis. Primeiro, há a escala de valores vistos comumente como autoevidentes, pela qual a "Natureza", isto é, os acontecimentos naturais pré-humanos, compreende uma esfera muito mais valorizada que a "cultura" e a "sociedade", a área formada e criada pelos próprios seres humanos. A ordem eterna da "natureza" é contrastada favoravelmente à desordem e mutabilidade do mundo humano. Muitas pessoas adultas continuam a procurar por alguém que as leve pela mão como a uma criança, uma figura materna ou paterna que lhes aponte o caminho a seguir. A "Natureza" é uma dessas figuras. Supõe-se que tudo o que ela faz, tudo o que é "natural", deva ser bom e salutar para os homens. A harmoniosa regularidade da descrição da "Natureza" de Newton encontrou expressão na admiração de Kant pelas leis eternas do céu estrelado que nos cobre, a lei moral dentro de nós mesmos. Mas a bela imagem da "Natureza" de Newton ficou para trás. Esquecemos facilmente que o conceito de "Natureza" é agora sinônimo do que os cosmólogos concebem como a evolução do universo, com sua expansão sem propósito, a produção e destruição de sóis e galáxias incontáveis, e dos "buracos negros" que devoram a luz. Não faz diferença que descrevamos o processo como "ordem", "acaso" ou "caos".

Nem faz muito sentido dizer que os fatos naturais são bons para as pessoas, ou tampouco maus. A "Natureza" não tem intenções; não tem objetivos; não tem propósitos. As únicas criaturas neste universo que podem estabelecer objetivos, que podem criar e dar sentido, são os próprios seres humanos. Mas sem dúvida é ainda insuportável para muita gente imaginar que lhes compete a tarefa de decidir os rumos que a humanidade deve seguir e os planos e ações que têm sentido para os homens. Buscam constantemente alguém que as alivie desse peso, alguém que dite as regras pelas quais devem viver e formule os objetivos para que suas vidas sejam dignas de serem vividas. O que esperam é um sentido predeterminado vindo de fora; o que é possível é um sentido criado por elas mesmas e, em última análise, pelos homens em conjunto, que dê direção às suas vidas.

O amadurecimento da humanidade é um processo difícil. O período de aprendizado é longo, erros graves são inevitáveis e o perigo da autodestruição, da aniquilação de nossas próprias condições de vida, no curso desse processo de aprendizado, é grande. Mas esse perigo só tende a crescer, se as pessoas se mantiverem na atitude de crianças para as quais alguém mais faz tudo o que só elas podem fazer. A ideia de que a natureza, se deixada por conta própria, fará o que é certo para os homens, inclusive para sua vida em comum, é um exemplo. E mostra como decisões que só os seres humanos podem tomar, e a responsabilidade que vem com elas, são delegadas a uma figura materna imaginária, a "Natureza". Mas, entregue a si mesma, a natureza é cheia de perigos. Certamente, a exploração humana da natureza também implica grandes ameaças. Processos naturais extra-humanos são incapazes de aprendizado. A própria sociedade humana é um estágio no desenvolvimento da natureza. Mas distingue-se de todos os estágios anteriores pelo fato de que os seres humanos podem mudar seu comportamento e sentimentos como resultado de experiências comuns e pessoais, isto é, de processos de aprendizado, numa medida muito maior, e de maneira diferente, que as outras criaturas. Essa capacidade de mudar pode ser de valor extraordinário para os homens. Mas seu desejo de imortalidade constantemente os leva a atribuir a sinais de imutabilidade — por exemplo, à "natureza" imaginada como algo que não muda — um valor muito mais alto do que a si mesmos, ao desenvolvimento de sua própria vida comunitária e à amplitude e ao padrão cambiante de seu controle sobre a "natureza", sobre a "sociedade" e sobre suas próprias pessoas. Talvez até mesmo ao lermos isso sintamos um resíduo da resistência à reavaliação exigida por essa exploração. Esse é um dos obstáculos a que me referi.

O segundo obstáculo que apresento como exemplo está ligado à presente incapacidade das pessoas de reconhecer que, dentro da esfera da realidade que formam junto com as outras, mudanças de longa duração e não planejadas, mas que têm uma estrutura e direção específicas, estão acontecendo, e que esses processos, como processos naturais incontroláveis, as empurram involuntariamente para um lado e para o outro. Como não reconhecem esses processos sociais não planejados e, portanto, não sabem como explicá-los, não têm meios apropriados para influenciá-los ou controlá-los. Exemplo disso é a incapacidade de as pessoas reconhecerem os processos não planejados pelos quais são levadas repetidamente à guerra.[1] Vários Estados atingiram um estágio de civilização em que matar os outros não dá a seus membros um prazer especial, nem sua própria morte na guerra é considerada particularmente honrosa. Mas as pessoas hoje encontram-se tão expostas ao perigo da guerra como aquelas em estágios anteriores de desenvolvimento estavam sujeitas às cheias incontroláveis dos grandes rios, ou às grandes epidemias infecciosas que às vezes matavam parte considerável da população do país.

Já falei da conceitualização da relação da natureza extra-humana com esses processos sociais humanos em termos de opostos como "natureza" e "cultura", com uma valorização decididamente mais alta da primeira. Nem sempre é fácil convencer as pessoas do final do século XX de que a "natureza" em estado bruto não é particularmente adequada às necessidades humanas. Só depois que as florestas primevas foram abertas, quando os lobos, onças, cobras venenosas, escorpiões — em suma, todas as outras criaturas que poderiam ameaçar os homens — foram exterminados, só depois que a "natureza" foi do-

---

1 Apenas menciono de passagem que a dinâmica figurativa da livre competição entre Estados, a qual discuti em termos de um "mecanismo monopolístico" no segundo volume de meu *Processo civilizador*, desempenha um papel decisivo nesse curso para a guerra.

mesticada e fundamentalmente transformada pelos humanos é que ela começou a parecer para populações que viviam geralmente nas cidades como bela e benigna para a humanidade. Na realidade, os processos naturais seguem seu curso distribuindo cegamente coisas boas e más, as alegrias da saúde e as terríveis dores da doença, aos seres humanos. As únicas criaturas que, quando necessário, podem dominar até certo ponto o curso sem sentido da natureza e ajudar-se mutuamente são os próprios seres humanos.

Os médicos podem fazê-lo; ou pelo menos podem tentar. Mas talvez mesmo eles ainda sejam em parte influenciados pela ideia de que os processos naturais são tudo o que importa em seus pacientes. Pode ser, em alguns casos. Mas nem sempre. Doutrinas rígidas não ajudam muito aqui. O que é decisivo é o conhecimento não dogmático do que é benigno e do que é maligno na natureza. No presente, o conhecimento médico é em geral tomado como conhecimento biológico. Mas é possível imaginar que, no futuro, o conhecimento da pessoa humana, das relações das pessoas entre si, de seus laços mútuos e das pressões e limitações que exercem entre si faça parte do conhecimento médico.

É a esse ramo do conhecimento que pertencem os problemas que estou discutindo. É possível que o aspecto social das vidas das pessoas, suas relações com as outras, tenha importância especial para as que envelhecem e para as que estão para morrer simplesmente porque processos naturais cegos e incontroláveis ganharam poder sobre elas. Mas a consciência de que as pessoas atingiram o limite de seu controle sobre os processos naturais frequentemente engendra, nos médicos e talvez nos conhecidos e amigos das pessoas que envelhecem e se aproximam da morte, uma atitude que está em contradição com as necessidades sociais dessas últimas. As pessoas parecem se dizer que não há nada que possam fazer, dão de ombros e seguem seu caminho com pesar. Os médicos em particular, cuja tarefa consiste em adquirir controle sobre as forças destrutivas e cegas da natureza, parecem muitas vezes observar estarrecidos como tais forças quebram a autorregulação normal do organismo dos doentes e dos moribundos e avançam sem controle na destruição do próprio organismo.

Obviamente não é fácil testemunhar esse processo de decadência com equanimidade. Mas talvez as pessoas nessa situação tenham uma necessidade especial de outras pessoas. Sinais de que os laços ainda não foram cortados, de que aqueles que estão deixando o círculo humano ainda são valorizados dentro dele, são especialmente importantes, dado que agora estão fracos e talvez não passem de uma sombra do que foram. Mas, para alguns moribundos, a solidão talvez seja um benefício. Talvez sejam capazes de sonhar e não queiram ser perturbados. Devemos sentir do que eles precisam. Morrer ficou mais informal em nossos dias, e a gama de necessidades individuais, quando conhecidas, se ampliou.

## 6

Talvez tudo isso deixe claro que as atitudes que hoje prevalecem em relação aos moribundos e à morte não são inalteráveis nem acidentais. São peculiaridades de sociedades num estágio particular de desenvolvimento e, portanto, com uma estrutura particular. Os pais nessas sociedades são frequentemente mais reticentes em falar com seus filhos sobre a morte e o morrer. As crianças podem crescer sem nunca terem visto um cadáver. Em estágios anteriores de desenvolvimento o espetáculo de cadáveres era muito mais comum. Desde então, o aumento da expectativa de vida tornou a morte mais distante dos jovens e dos vivos em geral. Obviamente, numa sociedade com uma expectativa de vida de trinta e sete ou quarenta anos, a ideia de morte se apresenta muito mais imediatamente, mesmo para os jovens, que numa sociedade com uma expectativa de vida próxima dos setenta. É bem possível que o compreensível horror da guerra atômica seja reforçado pelo fato de que os jovens em nossa sociedade podem normalmente esperar uma vida mais longa que nunca. Senti isso de perto quando um jornalista de vinte anos que me entrevistava, franzindo o cenho, perguntou sobre meu livro a respeito da "solidão dos moribundos": "O que o levou a escrever sobre tema tão curioso?"

Tudo isso contribui para empurrar a agonia e a morte mais que nunca para longe do olhar dos vivos e para os bastidores da vida normal nas sociedades mais desenvolvidas. Nunca antes as pessoas morreram tão silenciosa e higienicamente como hoje nessas sociedades, e nunca em condições tão propícias à solidão.

## 7

Num livro bem conhecido de B.G. Glaser e A.L. Strauss, *Time for Dying* (Chicago, 1968), os autores fazem a seguinte observação:

> A maioria dos pacientes pertence a uma família. Se parentes ficam ao pé do leito de um membro moribundo da família durante os últimos dias, sua presença pode ocasionar problemas sérios para os médicos e a equipe de enfermagem do hospital, reduzindo inclusive a eficácia dos cuidados com o paciente (p.151).

Essa breve afirmação aponta para um grave conflito não resolvido na institucionalização ostensivamente racional da morte — pelo menos nos hospitais norte-americanos, a que as observações de Glaser e Strauss certamente se referem em primeiro lugar. O moribundo recebe o tratamento médico mais avançado e cientificamente recomendado disponível. Mas os contatos com as pessoas a que está ligado, e cuja presença pode proporcionar o maior conforto para aquele que parte, frequentemente são considerados inconvenientes para o tratamento racional do paciente e para a rotina do pessoal. E assim esses contatos são reduzidos ou impedidos sempre que possível. Glaser e Strauss observam no mesmo contexto (p.152) que, em algumas regiões menos desenvolvidas, pessoas próximas oferecem conforto e atenção aos moribundos por força da tradição. Liberam assim a equipe de enfermagem para outras tarefas. E também assumem os cuidados rotineiros de pacientes em recuperação. A equipe então está acostumada à sua presença. Os próprios parentes, que precisam de consolo, se ajudam mutuamente. Isso é um claro contraste com o que, segundo Glaser e Strauss, acontece nos hospitais em países mais desenvolvidos, onde a equipe gasta parte de seu tempo confortando os parentes aflitos.

O quadro dessa diferença é nítido. De um lado, o tipo antigo: os membros da família se reúnem em torno da pessoa doente, trazem comida, dão os remédios, limpam e lavam o paciente e talvez, trazendo sujeira das ruas para o leito do paciente, cuidam dele sem lavar as mãos. Possivelmente apressam o fim, pois nada disso é muito higiênico. Possivelmente sua presença adia a morte, pois pode ser uma das grandes alegrias dos moribundos estarem cercados por parentes e amigos — última prova de amor, último sinal de que significam alguma coisa para os outros. É um grande apoio — encontrar eco dos seus sentimentos nos outros que se ama e a quem se está apegado, e cuja presença faz surgir um sentimento terno de pertencer à família humana. Essa afirmação mútua das pessoas através de seus sentimentos, o eco dos sentimentos entre duas ou mais pessoas, desempenha um papel central na atribuição de significado e sentido de realização para uma vida humana — afeição recíproca, por assim dizer, até o fim.

Não devemos nos iludir: as famílias em Estados menos desenvolvidos são muitas vezes tudo, menos harmoniosas. Frequentemente apresentam maior desigualdade de poder entre homens e mulheres e entre jovens e velhos. Seus membros podem amar-se ou odiar-se, talvez as duas coisas ao mesmo tempo. Pode haver relações de ciúme e desprezo. Só uma coisa é rara nesse nível de desenvolvimento social, especialmente nos casos em que as mulheres, as mães, formam o núcleo integrador afetivo da família: não há neutralidade emocional no quadro da família extensa. De certa maneira, isso ajuda os moribundos. Despedem-se do mundo publicamente, num círculo de pessoas cuja maioria tem grande valor emocional para os moribundos, e para os quais estes têm o mesmo valor. Morrem menos higienicamente, mas não sós. Na unidade de terapia intensiva de um hospital moderno, os moribundos podem ser tratados de acordo com o mais recente conhecimento biofísico especializado, mas muitas vezes de maneira neutra em termos de sentimentos: podem morrer em total isolamento.

## 8

Além disso, a perfeição técnica do prolongamento da vida certamente não é o único fator que contribui para o isolamento dos moribundos em nossos dias. A maior pacificação interna dos Estados industriais desenvolvidos e o expressivo aumento do limiar do embaraço face à violência fazem surgir nessas sociedades uma antipatia muda, mas perceptível, dos viventes em relação aos moribundos — uma antipatia que muitos membros dessas sociedades não conseguem superar mesmo quando não a aprovam. Morrer, como quer que seja visto, é um ato de violência. Se as pessoas são as responsáveis ou se é o curso cego da natureza que traz a decadência repentina ou gradual de um ser humano em última análise não tem muita importância para a pessoa afetada. Assim, um nível mais alto de pacificação interna também contribui para a aversão à morte, ou, mais precisamente, aos moribundos. E assim também um nível mais alto de contenção civilizada. Não faltam exemplos. A demorada morte de Freud em decorrência de um câncer na laringe é um dos mais significativos. O avanço da doença gerava um mau cheiro cada vez pior. Mesmo o cão fiel se recusava a aproximar-se do doente. Apenas Anna Freud, forte e inflexível em seu amor pelo pai moribundo, o ajudou nessas últimas semanas, impedindo que se sentisse abandonado. Simone de Beauvoir descreveu com assustadora exatidão os últimos meses de seu companheiro Sartre, que não era mais capaz de controlar o fluxo urinário e era forçado a andar com sacos plásticos amarrados a seu corpo — e os sacos às vezes transbordavam. A decadência do organismo humano, o processo a que chamamos morrer, quase sempre é acompanhado de mau cheiro. Mas as sociedades desenvolvidas inculcam em seus membros uma grande sensibilidade aos cheiros fortes.

Todos esses são em realidade apenas exemplos de como falhamos ao enfrentar os problemas dos moribundos nas sociedades desenvolvidas. O que eu disse aqui é apenas uma pequena contribuição para o diagnóstico de problemas que ainda precisam ser resolvidos. Esse diagnóstico, me parece, deve ser desenvolvido. Em termos amplos, ainda não estamos plenamente conscientes de que morrer nas sociedades mais desenvolvidas é acompanhado de problemas específicos que devem ser enfrentados como tais.

Os problemas que levantei são, como se pode ver, problemas de sociologia médica. As precauções médicas de hoje dizem respeito principalmente a aspectos individuais do funcionamento fisiológico de uma pessoa — o coração, a bexiga, as artérias e assim por diante —; quanto a isso, a técnica médica para preservar e prolongar a vida está sem dúvida mais avançada que nunca. Mas concentrar-se em corrigir medicamente órgãos isolados que funcionam cada vez pior só vale a pena em benefício da pessoa dentro da qual esses componentes estão integrados. E se os problemas dos componentes individuais nos levam a esquecer os da pessoa que os integra, realmente desvalorizamos o que fazemos para os próprios componentes. Hoje a decadência das pessoas, a que chamamos de envelhecimento e morte, coloca para os outros seres humanos, aí incluídos os médicos, certo número de tarefas não realizadas e geralmente não reconhecidas. As tarefas que tenho em mente ficam ocultas se a pessoa individual é considerada e tratada como se existisse apenas para si mesma, independente de todas as outras. Não estou seguro de até que ponto os próprios médicos sabem que as relações de uma pessoa com as outras têm uma influência codeterminante tanto na gênese dos sintomas patológicos quanto no curso tomado pela doença. Levantei aqui o problema da relação das pessoas com os moribundos. Assume, como vimos, uma forma especial nas sociedades mais desenvolvidas, porque nelas o processo de morrer está isolado da vida social normal numa medida maior que antigamente. Um resultado desse isolamento é que a experiência de envelhecer e agonizar, que nas sociedades antigas era organizada por instituições e fantasias públicas tradicionais, tende a ser ofuscada pelo constrangimento nas sociedades posteriores. Talvez, ao apontar para a solidão dos moribundos, fique mais fácil reconhecer, nas sociedades desenvolvidas, um núcleo de tarefas que continuam por fazer.

Estou ciente de que os médicos têm pouco tempo. Também sei que as pessoas e seu círculo de relações recebem deles mais atenção hoje do que antes. O que fazer se sabemos que uma pessoa preferiria morrer em casa a morrer no hospital, e se também sabemos que em casa ela morrerá mais rapidamente? Mas talvez seja exatamente isso o que ela quer. Talvez não seja supérfluo dizer que o cuidado com as pessoas às vezes fica muito defasado em relação ao cuidado com seus órgãos.

# Índice remissivo

Obras do Autor
*publicadas por esta editora*

Os alemães

Os estabelecidos e os outsiders

Mozart, sociologia de um gênio

O processo civilizador (*2 vols.*)

Sobre o tempo

A sociedade de corte

A sociedade dos indivíduos

A solidão dos moribundos

ESTA OBRA FOI COMPOSTA POR TOPTEXTOS EDIÇÕES GRÁFICAS
EM MINION E IMPRESSA EM PROCESSO SOB DEMANDA
PELA UM LIVRO SOBRE PAPEL OFFSET PARA A
EDITORA SCHWARCZ A PARTIR DE 2024

FSC
www.fsc.org
MISTO
Apoiando o manejo florestal responsável
FSC® C128038

A marca FSC® é a garantia de que a madeira utilizada na fabricação do papel deste livro provém de florestas que foram gerenciadas de maneira ambientalmente correta, socialmente justa e economicamente viável, além de outras fontes de origem controlada.